Pinchas Lapide

War Eva
an allem schuld?

Gespräche über die Schöpfung

Matthias-Grünewald-Verlag   Mainz

Die Luther-Übersetzung ist mit Genehmigung
der Deutschen Bibelgesellschaft Stuttgart
der Luther-Bibel 1984 entnommen.

CIP-Kurztitelaufnahme der Deutschen Bibliothek

Lapide, Pinchas:
War Eva an allem schuld? : Gespräche über d. Schöpfung /
Pinchas Lapide. – Mainz: Matthias-Grünewald-Verlag, 1985.
  ISBN 3-7867-1196-8

(c) 1985 Matthias--Grünewald-Verlag, Mainz
Umschlag: Peter Offenberg Grafik
Satz: Studio für Fotosatz, Ingelheim
Druck und Bindung: Druckhaus Darmstadt

85 86 87 88 89   6 5 4 3 2

Inhalt

Vorwort

Warum bringt eine Rundfunkanstalt in Deutschland ausgerechnet am 24. Dezember Gespräche mit einem jüdischen
Theologen über die Schöpfung? – So geschehen zu Weihnachten 1983 und 1984.

Nach katholischer Tradition wird an diesem Tag das Fest oder
der Namenstag von Adam und Eva gefeiert – tiefgründiger
Hinweis auf die enge Verbindung von Schöpfung und Erlösung und auf die Beziehung zwischen Adam und Jesus, dem
„alten" und dem „neuen" Adam in christlichem Verständnis.
Für den „Bayerischen Rundfunk" war das Anlaß genug, in zwei
Gesprächen – jeweils am Morgen des Heiligen Abends – den
jüdischen Exegeten über seine Deutung des Schöpfungs-
berichtes in den ersten Kapiteln des Buches Genesis zu be-
fragen:

Am 24. Dezember 1983:
„Im Anfang schuf Gott Himmel und Erde . . ."
– Gesprächspartner Manfred Brauneiser –
am 24. Dezember 1984:
„Adam und Eva"
– Gesprächspartner Ernst Emrich –

Diese beiden einstündigen Sendungen werden hiermit
schriftlich vorgelegt. Sie sind allerdings für die Druckver-
öffentlichung bearbeitet, d.h. redigiert und erheblich erwei-
tert worden. Dennoch bleibt die ursprüngliche Form des

7

Gesprächs erhalten. Herrn Brauneiser und Herrn Emrich habe ich zu danken für die Idee zu diesen Sendungen wie für ihre anregenden Fragestellungen, ohne die auch dieses Büchlein nicht entstanden wäre.

Frankfurt/Main, im Sommer 1985   Pinchas Lapide

Im Anfang

Gen 1,1–2,4: Im Anfang schuf Gott Himmel und Erde; die Erde aber war wüst und wirr, Finsternis lag über der Urflut, und Gottes Geist schwebte über dem Wasser.

Gott sprach: Es werde Licht. Und es wurde Licht. Gott sah, daß das Licht gut war. Gott schied das Licht von der Finsternis, und Gott nannte das Licht Tag, und die Finsternis nannte er Nacht. Es wurde Abend, und es wurde Morgen: erster Tag.

Dann sprach Gott: Ein Gewölbe entstehe mitten im Wasser und scheide Wasser von Wasser. Gott machte also das Gewölbe und schied das Wasser unterhalb des Gewölbes vom Wasser oberhalb des Gewölbes. So geschah es, und Gott nannte das Gewölbe Himmel. Es wurde Abend, und es wurde Morgen: zweiter Tag.

Dann sprach Gott: Das Wasser unterhalb des Himmels sammle sich an einem Ort, damit das Trockene sichtbar werde. So geschah es. Das Trockene nannte Gott Land, und das angesammelte Wasser nannte er Meer. Gott sah, daß es gut war. Dann sprach Gott: Das Land lasse junges Grün wachsen, alle Arten von Pflanzen, die Samen tragen, und von Bäumen, die auf der Erde Früchte bringen mit ihrem Samen darin. So geschah es. Das Land brachte junges Grün hervor, alle Arten von Pflanzen, die Samen tragen, alle Arten von Bäumen, die Früchte bringen mit ihrem Samen darin. Gott sah, daß es gut war. Es wurde Abend, und es wurde Morgen: dritter Tag.

Dann sprach Gott: Lichter sollen am Himmelsgewölbe sein, um Tag und Nacht zu scheiden. Sie sollen Zeichen sein und zur Bestimmung von Festzeiten, von Tagen und Jahren dienen; sie sollen Lichter am Himmelsgewölbe sein, die über die Erde hin leuchten. So geschah es. Gott machte die beiden großen Lichter, das größere, das über den Tag herrscht, das kleinere, das über die Nacht herrscht, auch die Sterne. Gott setzte die Lichter an das Himmelsgewölbe, damit sie über die Erde hin leuchten, über Tag und Nacht herrschen und das Licht von der Finsternis scheiden. Gott sah, daß es gut war. Es wurde Abend, und es wurde Morgen: vierter Tag.

Dann sprach Gott: Das Wasser wimmle von lebendigen Wesen, und Vögel sollen über dem Land am Himmels-gewölbe dahinfliegen. Gott schuf alle Arten von großen Seetieren und anderen Lebewesen, von denen das Wasser wimmelt, und alle Arten von gefiederten Vögeln. Gott sah, daß es gut war. Gott segnete sie und sprach: Seid fruchtbar, und vermehrt euch, und bevölkert das Wasser im Meer, und die Vögel sollen sich auf dem Land vermehren. Es wurde Abend, und es wurde Morgen: fünfter Tag.

Dann sprach Gott: Das Land bringe alle Arten von leben-digen Wesen hervor, von Vieh, von Kriechtieren und von Tieren des Feldes. So geschah es. Gott machte alle Arten von Tieren des Feldes, alle Arten von Vieh und alle Arten von Kriechtieren auf dem Erdboden. Gott sah, daß es gut war. Dann sprach Gott: Laßt uns Menschen machen als unser Abbild, uns ähnlich. Sie sollen herrschen über die Fische des Meeres, über die Vögel des Himmels, über das Vieh, über die ganze Erde und über alle Kriechtiere auf

dem Land. Gott schuf also den Menschen als sein Abbild;
als Abbild Gottes schuf er ihn. Als Mann und Frau schuf er
sie. Gott segnete sie, und Gott sprach zu ihnen: Seid
fruchtbar, und vermehrt euch, bevölkert die Erde, unter-
werft sie euch, und herrscht über die Fische des Meeres,
über die Vögel des Himmels und über alle Tiere, die sich
auf dem Land regen. Dann sprach Gott: Hiermit übergebe
ich euch alle Pflanzen auf der ganzen Erde, die Samen tragen, und alle Bäume mit samenhaltigen Früchten. Euch
sollen sie zur Nahrung dienen. Allen Tieren des Feldes,
allen Vögeln des Himmels und allem, was sich auf der
Erde regt, was Lebensatem in sich hat, gebe ich alle grünen
Pflanzen zur Nahrung. So geschah es. Gott sah alles an, was
er gemacht hatte: Es war sehr gut. Es wurde Abend, und es
wurde Morgen: der sechste Tag.

So wurden Himmel und Erde vollendet und ihr ganzes
Gefüge. Am siebten Tag vollendete Gott das Werk, das er
geschaffen hatte, und er ruhte am siebten Tag, nachdem
er sein ganzes Werk vollbracht hatte. Und Gott segnete
den siebten Tag und erklärte ihn für heilig; denn an ihm
ruhte Gott, nachdem er das ganze Werk der Schöpfung
vollendet hatte.
Das ist die Entstehungsgeschichte von Himmel und Erde,
als sie erschaffen wurden.

Frage:

Herr Lapide, der Text, den wir eben gelesen haben, ist ein ungeheuerlicher Text, und er ist ungeheuer alt. Wie alt eigentlich?

Lapide:

So alt wie das menschliche Nachdenken über die ersten und die letzten Dinge, so alt wie die Neugier des Menschen über sich selbst und seinen Ursprung.

Frage:

Aber Ausgangspunkt ist doch eigentlich ein genaues Hinsehen auf „Natur".

Der Mensch schaut

Lapide:

Der Mensch schaut – der Mensch als Gattung schaut zuerst um sich herum; er schaut nach oben, um zu fragen, woher und wohin; und letzten Endes schaut er in sich selbst. Aus diesem dreifachen Schauen des Menschen ist dieses Buch entstanden.

Frage:

Aber er, der diesen Text schrieb, geht doch aus von ganz elementaren Erfahrungen, die der Mensch macht und die ihn aufregen können. Warum gibt es Land, warum gibt es Meer, warum gibt es oben, warum gibt es unten, warum gibt es Tag und warum gibt es Nacht? Fragen, die wir heute fast nicht mehr haben.

14

Lapide:

Ich könnte Ihnen zustimmen, aber es gibt noch tiefere Ur-
erfahrungen, die hier zwischen den Zeilen einfach heraus-
schreien, und das ist die Urerfahrung des Dilemmas zwischen
der menschlichen Geborgenheit einerseits und der menschlichen Verlassenheit andererseits, der Gestörtheit des
menschlichen Lebens und des Glaubens an einen gütigen
Gott. Wie reimt man die beiden zusammen? Das liegt hier vor
allen anderen Fragen.

Frage:

Sie sagen, der Text ist uralt. Wie wörtlich darf man ihn nehmen?

Lapide:

Man darf ihn überhaupt nicht wörtlich nehmen, man soll ihn
ernst nehmen, und das sind zwei ganz verschiedene Dinge.
Denn Menschensprache besteht aus dem Erfahrbaren und
dem Erlebten, und hier in diesem Text ist von Gott die Rede,
den keiner von uns erfahren kann, wie er zum Beispiel die
Natur erfährt. Daher kann die Bibel nur in Bildern reden und
darf und will nicht wörtlich genommen werden, wohl aber
ernst in dem, was sie auszusagen versucht.

Frage:

Ich glaube, ernst nehmen muß man bereits den ersten Satz; der
ist ja so etwas wie ein Programmsatz: „Im Anfang schuf Gott
Himmel und Erde." Erste Frage: Der Autor dieses Textes, was
meint er, wenn er „Gott" sagt?

Lapide:

Er definiert Gott nicht, das hat keiner von uns je gekonnt, weil die Juden sich radikal weigern, Gott zu verwissenschaftlichen, das geht nämlich nicht. Wir haben keine Theologie im landläufigen Sinn einer „Gotteskunde" oder einer „Wissenschaft von Gott"; wir haben eine Suche nach Gott, ein Tasten nach dem Wirken Gottes und Versuche, stammelnd von ihm zu reden, obwohl es eigentlich fast unmöglich ist. Es ist ein frommer Irrtum zu glauben, daß der Gott des Weltalls sich sprachlich festnageln läßt, oder daß sein Wesen mit gebrechlichen Menschenworten eingefangen werden kann. Keine Sprache auf Erden ist ein fertiges Endprodukt, sondern eine fortwährende Tätigkeit, die sich im Sprechen stetig verändert. Da alle Sprachen, wie der Mensch selbst, dynamisch, ungenau und relativ sind, vermag keine dem Ewig-Absoluten unveränderlichen Ausdruck zu verleihen. Und eine utopische Weltsprache, die über unsere babylonische Sprachenverwirrung hinweg universale und unverrückbare Aussagen zu machen vermag, gehört zum Bereich des schwärmerischen Wunschdenkens.

Jedes ängstliche Sich-Klammern an Einzelworte oder Gottesbenennungen ist daher – zutiefst gesehen – ein Verstoß gegen das zweite Gebot: das Verbot, irgend etwas Irdisches zu verabsolutieren, um es dann an Gottes Statt anzubeten. Das gilt auch für die Versprachlichung Gottes, denn letzten Endes ist doch alle Menschenrede von Gott nichts anderes als hilfloses Gestammel, ein verzweifeltes Ringen um das letztlich Unsagbare, das im besten Fall unterwegs zu ihm bleibt.

„Du sollst dir kein Schnitzbild machen noch irgend ein Ab-

bild . . ." (Ex 20,4) – das gilt auch für die theoretischen Gottesbilder aller Theologien. Und dennoch spricht die Bibel häufig
von Gott in Menschenbildern – wie etwa: Gott habe eine
Hand, einen Finger, Augen, Füße, ein Angesicht, ja sogar eine
Rückseite.

Frage:
Wie verträgt sich das mit dem Bilderverbot?

Lapide:
Sehr einfach! Wir können es ja nicht lassen, von ihm zu reden
– obwohl wir uns unserer sprachlichen Unzulänglichkeit völlig bewußt sind. Und so sprechen wir Menschen von ihm eben
menschenartig, und das heißt: in Bildersprache. Insbesondere
bei den Propheten häufen sich die farbigen Sprachgemälde, in
denen sich die Vielfalt und Lebendigkeit der göttlichen Offen-
barung widerspiegelt. „Die Liebe bedarf zutiefst des Gesich-
tes", sagt der Philosoph Hans Blumenberg, „sie verzagt vor
dem physiognomisch Unfaßbaren, vor dem, was zu ‚rein' ist,
als daß es Gestalt annehmen kann." Und so sprechen die Kün-
der und Sänger im alten Israel aus der Weißglut ihrer Gottes-
erlebnisse in einer Fülle von poetischen Bildern und Gleich-
nissen, die Gott heimholen aus der weltfernen Stratosphäre
der Abstraktionen, mitten ins Diesseits hinein, in dem Gott
wirkt, werkt und spricht. Genau wie eine Mutter für ihr Kind
eine Fülle von Kosenamen erfindet, genau wie Liebende einander mit immer neuen Namen beglücken, so geht es auch den
biblischen Zeugen, wenn sie von Gott reden.
Aber gerade diese bunte Vielfalt der biblischen Gottesbilder

17

ist es, die die einengende Vergötzung auf ein einziges Sprachbild vermeidet, eine „Festschreibung" auf einen einzigen
Wortlaut unmöglich macht, um Gottes Wirklichkeit nur
ehrfürchtig zu umkreisen, ohne sie „schwarz auf weiß" zum
leblosen Abbild erstarren zu lassen. Kurzum, wir haben die
Wahrheit Gottes nur im blassen Abglanz vieler Bilder, aber in
keinem Sprachbild geht sie auf.

Frage:
Der Mensch weiß also nicht, wer Gott ist?

Lapide:
Er weiß um Gott, aber von Gott weiß er sehr wenig. Und der
Autor unseres Textes will beileibe ihn nicht definieren, d.h.
nicht in menschliche Formen hineinpferchen; das wäre nach
seiner, des Autors, Ansicht krasse Blasphemie. Denn wenn
dein Gott so klein ist, daß er sich fein säuberlich beschreiben
und definieren läßt – so sagt uns der Autor zwischen den Zeilen –, dann ist er eben nicht der Schöpfergott der Welt.

Gott schafft

Frage:
Ich glaube, jedes Wort in diesem Programmsatz ist wichtig. Da
heißt es nun: Gott schuf. Was heißt „er schafft"?

Lapide:
Die Bibel reserviert dieses hebräische Zeitwort „bara" nur für

Gott. Das kommt in der ganzen weiten großen hebräischen Bibel nur im Zusammenhang mit Gott vor, denn was der Mensch tut, der ja auch nur ein kleines Geschöpf ist, ist machen, produzieren, pervertieren, Stoffe in andere Stoffe verändern, aber aus nichts etwas oder aus etwas nichts zu schaffen, Schöpfung also.im klarsten Sinne, ist das Monopol Gottes. Hier steckt sowohl ein heilsamer Dämpfer für unsere Liliputaner-Arroganz, zugleich eine Warnung gegen jedwede Vergottung der Welt oder eines Teiles der Schöpfung, sei es nun die Gesellschaft, der Staat, die Heimat, die Wissenschaft, die Arbeiterklasse oder irgend ein anderes der goldenen Kälber unseres Jahrhunderts. „Bara" bezeichnet ein souveränes, allmächtiges Handeln, das keine menschliche Entsprechung kennt. Es ist ein völliges Neu-Schaffen, das alles vorherige überbietet und den allerersten Anfang darstellt. Wichtig ist aber auch, daß die Arbeit im vorbiblischen Orient als etwas Entehrendes galt, das nur Minderwertigen zugemutet werden konnte.

„Als die Götter gleich Menschen die Arbeit trugen und unter der Mühsal litten", so lesen wir in einem babylonischen Schöpfungsepos, „da war das Werk schwer und die Erschöpfung groß. Die Haupt-Götter ließen die Unter-Götter die Arbeit verrichten." Hierauf kam es zu einem Streik der niedrigen Gottheiten und schließlich zu Verhandlungen, die in den Beschluß mündeten, Menschen zu schaffen, deren einziger Zweck es war, anstelle der meuternden Göttlinge die schwere Feldarbeit zu verrichten. Auch bei den Griechen galt der oberste Götterhimmel als eine arbeitsfreie Welt der Ewigkeit. Darum geziemte es dem freien Bürger in Athen, nur solche Beschäftigungen zu betreiben, die ihn nicht zum Arbeiter entwürdigten. Denn wer das Leben eines „Banausen" führen mußte, wie die Ofensetzer und Tagelöhner abschätzig genannt wurden, der konnte sich „unmöglich in den Werken der Tugenden üben, die zur (griechischen) Menschenwürde gehören", wie Aristoteles (Pol III,5) klarstellt.

In beiden Fällen spiegelt sich die Einstellung einer Sklavenhaltergesellschaft wider, die die Schwachen unterwirft, um für die Herrscher die Lebensbedürfnisse zu befriedigen. Anders gesagt: Arbeit macht unfrei, und wer rechtlos ist, wird zur Arbeit verdammt.

Vor diesem Hintergrund einer Arbeitsverachtung tritt nun auf der ersten Bibelseite der Gott Israels auf den Plan, der als Schöpfer sich redlich abmüht – wie die jüdische Überlieferung zu betonen weiß –, um das Nicht-Seiende ins Leben zu rufen und ihm Gestalt zu geben. Am Anfang aller Dinge steht also kein „arbeitsfreies Zeitalter", wie die Mythologien des Altertums es wollen, denn das erste, was die Bibel über Gott berichtet, ist sein Schaffen. Alles, was da leibt und lebt, ist „das Werk seiner Hände" (Ps 8,4; 19,2; 66,5 usw.), wie der Psalmist nicht müde wird zu singen – und, was nicht weniger wichtig ist, „der Herr freut sich seiner Werke" (Ps 104,31), womit die Arbeit als solche geadelt wird und der Mensch zum „Mitarbeiter Gottes" (1 Kor 3,9) aufrückt, dessen Arbeit und Schaffensfreude zu seiner Gottesebenbildlichkeit gehören.

Frage:
Nun heißt es „im Anfang". Hat Gott einen Anfang?

20

Lapide:
Gott nicht, aber seine Werke ja.

Frage:
Dieses „im Anfang" spricht von den Werken?

Lapide:
Ja. Von ihnen allein.

Frage:
Nicht von Gott?

Lapide:
Nein, ganz im Gegenteil. Es sagt für den, der dreimal den ersten Satz liest, daß Gott allein *vor* allen Anfängen da war, und alles, was ihm folgt, von ihm seinen Ursprung nimmt, denn sonst könnte er ja im Anfang nicht schon der Schöpfer gewesen sein.
Nicht nur die Göttersagen der Heidenwelt, sondern auch die Überheblichkeit der deterministischen Naturwissenschaften wird hier ganz sachte, aber unüberhörbar zu Grabe getragen. Für den Feinfühligen läßt das erste Bibelwort eine ganze Zukunftslehre mitschwingen. Denn wer „im Anfang" sagt, der deutet auf ein Weitergehen hin und läßt ein gezieltes Ende erahnen. Die Bibel beginnt mit einer Anfangsaussage, die eindeutig bezeugt, daß vom ersten Schöpfungsakt an Gott selbst in all seinen Dingen und Wesen wirkt, und daß alles, was ist, im Innersten von Gott gewollt und von Gott durchweht ist. Es bedarf daher weder evolutiven Fortschrittsglaubens noch re-

volutionärer Zukunftsutopien, um als Lehre von den letzten Dingen die kommende Vollendung als Überbietung und Vervollkommnung alles Gewesenen, als künftige Krönung der anfänglichen Schöpfung zu erwarten.

All dies steckt keimhaft schon im ersten Bibelwort „im Anfang", das zielstrebig nach vorne drängt.

Es sagt für den Hellhörigen auch, daß Gott am Ende aller Dinge da sein wird, denn es heißt: Im Anfang schuf Gott, es heißt nicht: Gott hat geschaffen, was eine Beendung der Schöpfung bedeuten würde.

Frage:
Das heißt, die Schöpfung geht weiter? Auch heute noch?

Lapide:
Das steht da: „Gott schuf" und schafft weiter, wobei Sie das hebräische Zeitverständnis miteinbeziehen müssen, das nicht die krasse Dreiteilung des Deutschen oder der indogermanischen Sprachen kennt: Vergangenheit, Gegenwart und Zukunft. Sondern Zeit wird im Hebräischen wie ein Fluß betrachtet, der ewig weiterströmt und niemals stehenbleiben will. Das ist das Zeitwort von „Gott schuf". So heißt es im täglichen Gebet der Synagoge: „Ich glaube mit voller Überzeugung, daß der Schöpfer, gelobt sei sein Name, alle Geschöpfe erschaffen hat, und daß er allein das Schöpfungswerk vollbracht hat, vollbringt und vollbringen wird." Damit ist nicht nur der Grundgedanke der fortschreitenden, vorwärts und aufwärts strebenden Evolution zum Ausdruck gebracht, sondern auch die Erlösung als endzeitliche Vollendung des Schöpfungswerkes mit einbezogen.

Alle drei Zeitformen werden hier im jüdischen Glaubensbekenntnis in nahtloser Kontinuität aneinander gereiht, denn die Schöpfung ist ja im Denken des alten Israel kein einmaliges Heilshandeln Gottes, sondern eine tagtägliche segensreiche Gegenwart.

„Er erneuert jeden Tag das Werk seiner Schöpfung", ist ein häufig wiederholter Gedanke im rabbinischen Schrifttum, den das Morgengebet in der Liturgie als Grund zur täglichen Danksagung verewigt hat:

„Er, der aufleuchten läßt die Erde und ihre Bewohner durch Barmherzigkeit, erneuert an jedem Tag durch seine Güte unablässig sein Schöpfungswerk. Wie vielfältig sind doch deine Werke, Herr! Übervoll ist die Erde mit deinen Gaben!"

Frage:
Und in diesem Zeitverständnis sind wir heute mit eingeschlossen.

Lapide:
Sonst wäre diese Bibel veraltet und museumsreif. Daß sie immer grün bleibt, hat seinen Grund darin, daß wir immer schon mit beiden Füßen in ihr stehen, als ein „Weitergeschaffen-Werden". Ja, unser gesamtes Zeitalter mit all seinen fortschrittlichen Entwicklungen mutet wie eine kurze Momentaufnahme an, ein winziger Ausschnitt aus einem jahrmilliardenlangen Werdegang der von Gott angebahnten, noch unfertigen Genesis. Es mag sehr wohl sein, daß der heutige Mensch nicht „das letzte Wort" der Schöpfung ist, sondern das vorläufige Ergebnis einer langen Entwicklung, die auf Zukunft hin offen bleibt.

Frage:
Aber nochmal: „Gott schuf". Was war vorher?

Lapide:
Über das Vorher, sagen die Rabbiner nach 3000jährigem Nachsinnen, sollst du nicht nachdenken, denn das führt entweder zum Irrsinn oder zu Blasphemie. Wir sind mit dem Wort „im Anfang" auf eine gewisse Zeitschwelle begrenzt, *vor* der menschliches Forschen eigentlich sinnlos ist.

Frage:
Also wir werden zurückgeworfen auf unser Nichtwissen.

Lapide:
Das Nichtwissen von Gott steht hier, für die Klarleser, fast auf jeder Zeile. Das Erahnenwollen auch. Beides zusammen durchwirkt die Bibel.

Himmel und Erde

Frage:
Der erste Satz, sagten wir, ist ein Programmsatz: Im Anfang schuf Gott Himmel und Erde. Da sind noch zwei Wörter, die wir häufig unbefragt lassen. Was ist Himmel, was ist Erde?

Lapide:
„Himmel und Erde" sind in der Stenographie der Hebräer der Ausdruck für unsere Erfahrungswelt in ihrer Totalität. Des-

halb wird die Natur von Anfang an in die Weltgeschichte einbezogen. Und da alles, was da leibt und lebt, von Gott kommt, gibt es keinen Riß zwischen Natur und Kultur, keine Kluft zwischen Mensch und Umwelt, keinen Dualismus zwischen Leib und Geist, auch kein Mißtrauen zum Rohstoff oder zum Buchstaben, der angeblich tötet. Die Bibel kennt nur *einen* Gott, *eine* Schöpfung und *einen* Gesamtmenschen, der zu dieser Welt dazu gehört, genau wie die Regenwürmer und die Gänseblümchen. Die Bibel sagt uns, daß auch den kleinsten Lebewesen, den Gewässern und dem Urgestein eine Gott-Gewolltheit innewohnt, der unsere Ehrfucht und Solidarität als Mitgeschöpfe gebührt.

Himmel und Erde als Kontrastpaar ist ein Synonym für das Weltall. Himmel und Erde sagt der Hebräer, so wie er Mann und Frau später sagt, wie er Fauna und Flora sagt, und wenn Sie die erste Bibelseite anschauen, so besteht sie nur aus Kontrastpaaren. Gott schafft in Paaren: Sonne und Mond, Licht und Finsternis, das Trockene und das Meer.

Frage:
Also immer Gegensätze.

Lapide:
Gegensätze, die einander ergänzen und die sich aus dem Gegenüber des Gegenteils verstehen und ihre Wirkung beziehen, d.h. die einander brauchen wie Mann und Weib.
Gott schuf seine Welt in Kontrastharmonien – Zweiheiten, die sowohl im Streit miteinander liegen als auch zur Zweieinigkeit streben, denn gäbe es kein Licht, so wäre die Dunkel-

heit nicht finster. Kein Mann verstünde seine Männlichkeit ohne die Ergänzung seiner Frau – eine Binsenwahrheit, die die Bibel schon dadurch andeutet, daß sie mit dem Buchstaben Beth beginnt (Bereschit = im Anfang), der als zweiter Buchstabe im hebräischen Alphabet den Zahlenwert „zwei" besitzt. Dies besagt für die Hellhörigen sowohl die Unfertigkeit der Schöpfung als auch ihre gottgewollte Zweiteilung in Begriffspaare, die erst in ihrer Zweieinigkeit zur Selbsterfüllung gelangen können.

Im Erzählgut der frühen Rabbinen wird das weiter ausgedeutet:

In seiner Weisheit schuf der Herr in der ganzen Welt alles zu zweit, und allenthalben ist das eine das Gegenstück des anderen, aber zugleich eine Ergänzung des anderen, und wäre das eine nicht da, so könnte auch das andere nicht bestehen. Wäre kein Tod, so wäre kein Leben, aber wäre kein Leben, so gäbe es keinen Tod. Ohne Frieden gäb's keinen Krieg, und ohne Krieg gäb's keinen Frieden. Der Herr schuf arm und reich, klug und töricht, Leben und Tod. Sonst sähe man nicht den Unterschied zwischen Ordnung und Chaos. Er schuf die Anmut und schuf die Abscheu; er schuf Mann und Weib, Feuer und Wasser; er schuf Eisen und Holz, Wärme und Kälte, Speise und Hunger, Trank und Durst. Er schuf das Gehen und das Hinken, das Sehen und das Blindsein, das Hören und das Taubsein, das Reden und das Stummsein . . . Hätte es der Herr nicht so anstellen können, daß Kinder geboren würden, ohne daß Mann und Weib zusammenkämen? Aber nein, alles entsteht nur durch Vereinigung und durch Gegensatz; der Mann kann ohne Weib nicht zeugen, das Weib ohne Mann nicht gebären.

Gäb's keine Gerechten, so gäb's auch keine Bösen. Der Böse spricht zum Gerechten: Du bist mir Dank schuldig, denn wäre ich nicht da, wie würde man dich erkennen? Und wären alle Menschen gerecht, was wäre da dein Vorzug? Kurzum, es hat alles sein Gegenstück auf dieser Welt; aber nur einer ist allein, und dies sollen alle wissen: Der Herr ist all-einig, und es gibt keinen zweiten neben ihm.

In dichterischer Weise belehrt uns eine uralte jüdische Legende, die von der Beschwerde des Buchstaben Aleph zu erzählen weiß: „Wäre es nicht angebracht gewesen, die Tora mit mir beginnen zu lassen, als erstem aller Schriftzeichen, anstelle meines zweitrangigen Nachfolgers?" Gott tröstete das betrübte Aleph: „Die Zeit wird kommen, wenn Zweck und Sinn der Schöpfung allen offenbart werden, im großen Zehngebot, das die Menschheit zur sittlichen Höhe führen wird – und dann werde ich mit dir, dem Aleph, am Sinaiberge anheben. „Anochi" - Ich bin der Ewige, dein Gott . . ."

Im Klartext lautet die Botschaft dieser Lehrparabel: Die Erschaffung des gesamten Universums mit all seinen verborgenen Kräften und Möglichkeiten stellt nur einen Bruchteil der göttlichen Allmacht dar. Größer als die physische Welt, in all ihrer unermeßlichen Tiefe, Breite und Höhe, deren Symbol das Beth als zweiter Buchstabe ist, sind die geistig-moralischen Kräfte, auf denen das Weltall ruht – mit Aleph, dem ersten aller Buchstaben, als Sinnbild.

Frage:

Also gehören Schöpfung und Erlösung, „Genesis" und „Exodus" für jüdisches Denken untrennbar zusammen?

Lapide:

Ausgesagt wird hiermit, daß Gottes Schöpfung aufwärts nach Vergeistigung strebt, denn ohne das Zehngebot als Wegweiser zur Sittlichkeit blieben „Himmel und Erde" nur ein leerer Rahmen ohne klare Zweckbestimmung.

Doch der Doppelbegriff „Himmel und Erde" wurde im rabbinischen Sprachgebrauch auch zum Sinnbild von Diesseits (Erde) und Jenseits (Himmel), so daß es den Schriftgelehrten sehr wichtig schien, die Prioritäten der beiden genau festzustellen. In den Worten der alten Überlieferung: War es der Himmel, der zuerst erschaffen wurde, oder war es die Erde? Die Weisen sind sich nicht einig darin. Die einen sprechen: Der Himmel ist zuerst erschaffen worden und danach die Erde, denn es heißt ja: „Im Anfang schuf Gott Himmel und Erde" (Gen 1,1). Die anderen aber meinen, erst sei die Erde und danach der Himmel erschaffen worden, denn es heißt ja auch: „Es war zur Zeit, da Gott, der Herr, Erde und Himmel schuf" (Gen 2,4).

Aus dieser scheinbar belanglosen Debatte entwickelten sich zwei rabbinische Schulen: Die „Theozentriker", wie man sie nennen kann, die auf eine wortgetreue Erfüllung aller Tora-Gebote pochen – ohne Ausnahme oder mildernde Umstände –, da sie ja alle samt und sonders vom „Himmel" gegeben wurden, dem die Priorität zukommt. Ihnen widersprechen die „Anthropozentriker", die aus dem Vorrang der „Erde" (sprich: Menschheit) folgerten, daß kein Gebot als verpflichtend gelten dürfe, das die Kraft des Volkes, es zu halten, übersteige. Der Streit dauerte etliche Generationen lang, bis dann über beide eine göttliche Eingebung kam, und sie wurden inne, daß der Himmel und die Erde in der gleichen Stunde erschaffen worden sind. Wie aber stellte es der Herr an? Ja, er reckte seine Rechte und spannte den Himmel auf, zugleich streckte er seine Linke aus und gründete den Erdboden. Auf einmal waren sie beide da – der Himmel und die Erde. Kurzum: Gott schuf sowohl Himmel wie auch Erde, und beide waren ihm gleich lieb – bis auf den heutigen Tag.

Elohim: Einer in der Vielfalt

Frage:
Können wir jetzt zusammenfassen: Wie heißt dieser erste Satz auf hebräisch?

Lapide:
Bereschit barah Elohim et haschamajim we'et ha'aretz.

Frage:
Was heißt das wörtlich übersetzt?

Lapide:
„Im Anfang" – wie Buber richtig übersetzt, nicht „am Anfang"... „Im Anfang" gibt eine größere Dimension, eine Profundität, die einfach diesem ersten Bibelwort angemessen ist. „Schuf", wie wir sagten, d.h. schuf und schafft weiter. „Gott", das ist eine brillante Lösung für die Feministinnen. Es wird den Juden vorgeworfen, sie bevorzugen einen männlichen Gott einer patriarchalischen Gesellschaft. Gewisse Damen möchten ihn gern weiblich. Die Hebräer haben die Lösung

hier, gut salomonisch: Er ist plural, weder Mann noch Weib. „Elohim", die Urbezeichnung Gottes, bedeutet eigentlich die „Göttlichkeiten", mit einem Hinweis darauf, daß seine Manifestationsweisen, seine Wirkungsarten unendlich sind. Daher kann Jesus Gott als „unseren Vater" anbeten; Jesaja kann Gott als „tröstende Mutter" anrufen (Jes 66,13), zugleich seine „mütterliche Barmherzigkeit" preisen und im selben Atemzug zu ihm zu sagen: „Du bist unser Vater" (Jes 63,14—15). All dies sind aber nur blasse Abbilder, die dem Ewigen nicht einmal annähernd gerecht werden können.

Frage:
Aber das heißt doch auch, daß daneben kein anderer Gott mehr möglich ist.

Lapide:
Ganz richtig. Das heißt, es ist für die Grammatik ein Plurale tantum, es kann nur im Plural, in der Mehrzahl gesagt werden, aber gleich das Zeitwort danach, „schuf", ist in der Einzahl, so daß es hier um einen Gott geht, der einzig und all-einig ist, aber endlos in seinen Offenbarungsweisen.

Wie diese Einzigkeit Gottes zur Vielzahl seiner Manifestationen steht, bezeugt die rabbinische Debatte über den Ausdruck „Der Gott Abrahams, der Gott Isaaks und der Gott Jakobs", der ein rundes Dutzend mal vorkommt.

Warum heißt es nicht kürzer und einfacher „Der Gott Abrahams, Isaaks und Jakobs", so wird gefragt, wo es doch nur einen Gott gibt? Warum wiederholt die Bibel in scheinbar überflüssiger Weise *dreimal* den Namen Gottes? Da es in der Heiligen

Schrift weder Mangel noch Überfluß geben kann, muß diese Verdreifachung wohl einen tieferen Sinn haben – so wurde allgemein gefolgert. Über Jahrzehnte erstreckten sich die Überlegungen, bis es eines Tages zu folgender Erleuchtung kam:

Abraham erfuhr seinen Gott als den Herausführer aus der Geborgenheit des sicheren, aber götzendienerischen Mesopotamien, in das Land der Verheißung, wo er zum Stammvater eines neuen Volkes werden sollte.

Sein Sohn Isaak erfuhr Gott als den Schutzengel, der ihn im letzten Augenblick vor dem Messer des eigenen Vaters retten konnte.

Jakob, der Enkel, erfuhr Gott als den streitbaren „Mann" (Gen 32,25), mit dem er an der Furt des Jabbokflusses die ganze Nacht hindurch zu ringen hatte – bis er ihm beim Morgengrauen den Segen und den neuen Namen Israel abzuringen vermochte.

Das Fazit liegt auf der Hand: Um drei ganz verschiedene Gotteserfahrungen geht es – ein und desselben Gottes. Um ihnen gerecht zu werden, in all der gottgegebenen Individualität der drei Stammväter, sagt also die Bibel mit Recht: der Gott Abrahams, der Gott Isaaks und der Gott Jakobs.

Und im mittelalterlichen Spanien fügte man dieser Auslegung hinzu: So echt und authentisch sind die drei verschiedenen Erfahrungen wie die Gottesschau der Synagoge, der Kirche und der Moschee, die drei Hauptzweige am Baum des Abrahamitischen Ein-Gott-Glaubens.

Frage:

Sie sagten, der Autor des Genesis-Textes weiß nichts über Gott. Aber er sagt doch, Gott ist Geist. Was heißt das?

Lapide:

Er sagt das nicht. Er sagt eigentlich nichts über das Wesen Gottes.

Frage:

Er sagt, der Geist Gottes schwebte über den Wassern.

Lapide:

Das ist etwas ganz anderes. Weil er sagt, der Geist, der von Gott her kommt, schwebte über den Wassern. Aber der Autor der hebräischen Bibel weigert sich standhaft, irgend eine Aussage über Gott selbst zu machen, sondern nur über seine Wirkungsweisen und seine Erfahrbarkeiten. Gott selbst bleibt für ihn der große Unbekannte.

Frage:

Ja, heißt das denn: Der Mensch kann Gott nur als Geistwesen erfahren, aber er weiß darum nichts über Gott?

Lapide:

Er weiß über Gott vier Dinge, die schon auf der ersten Bibelseite klar sind: daß Gott ein *lebendiger Gott* ist, der Leben zur Welt bringt und eine lebendige Welt will; er weiß, daß Gott *liebevoll ist*. Denn wenn man die Urfrage stellt, wozu braucht Gott all diese Schöpfung, all diese Welt? so ist die einzig mögliche Antwort: *aus Liebe.* Denn nur die Liebe braucht ein Gegenüber, das dir ähnelt und dennoch anders ist als du. Daher schuf Gott die Welt und die Menschen, die ganz anders sind als Gott und dennoch Träger seines Ebenbildes. Er weiß, daß *Gott ein Schenkender* ist, denn all das schenkt er ganz kostenlos und unverdient den Menschenkindern, für die all dies geschaffen ist. Und letzten Endes ist Gott ein *Gott, der Freiheit will,* denn er will kein Puppenspiel, keine Hampelmänner, an deren Gelenken er die Drähte zieht, sondern eine freie Welt, die da wimmelt und sich tummelt auf Erden, jeder nach seinem Weg, nach seinem Willen. Im zwiefachen Sinne ist er ein Gott der Freiheit: weil er frei und souverän bleibt und sich keiner unserer Spielregeln oder Vorschriften beugt – und weil er uns die volle Freiheit schenkt (ein oft fürchterliches Geschenk), um ohne Gängelband das Leben in dieser Welt zu meistern.

Das Licht des ersten Tages

Frage:
Wir sind noch am ersten Tag. Die Deutung von „Himmel und Erde", ja der Bezeichnung „Elohim" für Gott zeigte, daß er eine bunte Welt erschaffen wollte. Und zur Buntheit dieser Welt gehört das Licht. Das Licht, Sie sagten es schon, braucht den Gegensatz, die Finsternis.

Lapide:
Ehe wir zum Licht kommen, sei noch eine kleine Randbemer-

kung gestattet, die aufschlußreich ist für die Mentalität unseres Textes. Zu Ende des ersten Tages steht nicht geschrieben „der erste Tag", denn das würde ja göttliche Vorkenntnis der kommenden Schöpfungstage voraussetzen. Daher steht ganz bescheiden „ein Tag", da ja niemand hinieden wissen konnte, ob noch weitere Schöpfungstage zu erwarten seien. Erst bei den folgenden Tagen heißt es „zweiter, dritter", bis zum „siebenten Tag".

Zu unserem Text: „Und Gott sprach, es werde Licht." Wichtig ist, daß es nicht heißt: das Licht, sondern: Licht überall, Licht überhaupt, ohne Artikel. Gott sagte, es werde Licht. Hebräisch sagen die Rabbiner: *wajehi*, „es werde", das sind lauter Vokale und klingt wie ein Hauch, weniger als ein Wort. Das heißt, Gott hauchte seinen Willen, daß Finsternis ein Gegenstück bekomme, jene Finsternis, die älter ist als das Licht, „und da ward Licht", das Wunderlicht des ersten Tages, mit dem die Schöpfung beginnt. Seit damals bedeutet Licht für uns alle, die wir deutsch sprechen, der Inbegriff des Verstehens, der Vernunft, der Erkenntnis. Ein Licht ist mir aufgegangen, sagen wir, wenn wir aus der Finsternis des Unverständnisses plötzlich eine Eingebung bekommen, die uns erleuchtet. Dunkel und finster hingegen ist immer der Tod, das Nichtverstehen, die Leblosigkeit.

Die moderne Physik behauptet, das Licht sei sowohl Welle als auch materielles Korpuskel – eine Idee, die völlig unvorstellbar ist. Kurzum: Sie erklärt das Wirken des Lichtes, ohne jedoch das Licht selbst zu verstehen. Es bleibt also noch immer bei der Wundervision des Lichtes und der Unbegreiflichkeit der Wege Gottes – auch in der heutigen Naturwissenschaft.

Frage:

Da ist also wieder der Zusammenhang mit dem Geist.

Lapide:

Geist – aber ich würde die beiden nicht als identisch erklären. Der Geist Gottes, und auch den können wir nicht definieren, schwebte über die Wasser.

Interessant ist es, den Gedankengang zu verfolgen, der Martin Buber dazu brachte, den herkömmlichen Satz „Geist Gottes, der über den Wassern schwebte" mit „Braus Gottes, schwingend über dem Antlitz der Wasser" zu ersetzen. Da das hebräische Wort „Ruach" wie das lateinische Wort „spiritus" zwei Bedeutungen hat, nämlich „Geist" und „Wind", entschieden sich die einen für einen gewaltigen Wind oder „Gotteswind"; andere für den Geist oder „den Geist Gottes". Buber aber wußte, daß den beiden Bedeutungen ein gemeinsamer Ursinn zugrunde liegt, der dem Hauchen, dem Wehen oder Brausen entspricht. Als ein solches erscheint dem biblischen Menschen sowohl der Wind als auch der Geist, der ihn anweht. Im ersten Schöpfungsakt kann daher beides in einem gemeint sein – ein Wehen und Brausen, aus dem die Welt geboren wird. Also: ein Urbraus.

Er schwebt über den Wassern des Urchaos, des Tohu-wa-bohu; das ist, was war, bevor Gott ordnete. Sie hören aus dem heulenden Klang das Entsetzen einer Urwelt, die formlose Unordnung, das Chaos – wobei Tohu-wa-bohu viel sprechender, viel schallmalender ist als die entsprechenden deutschen Worte. Aus ihm schafft Gott langsam den Kosmos, die Ordnung, die wir kennen.

35

Die drei hebräischen Anfangsworte der Schrift sind die große Wasserscheide zwischen dem Irrsal und Wirrsal der Vorgeschichte, in der brutale Priesterschaften Kinderopfer, Selbstverstümmelung und Tempelprostitution fordern konnten, um unterjochtes Menschenvieh ein sinnloses Dasein fristen zu lassen – und der Heilsgeschichte, in der Gott schafft. Seit dem Gotteswort vom ersten Anfang ist unsere Welt nicht mehr das zufällige Ergebnis unflätiger Kosmogonien, sondern wird zur Naturordnung proklamiert, geschaffen und gestaltet von einer einzigen Macht, die schlagartig die absurden Tiergötter und vergotteten Himmelskörper der Heidenwelt aller Magie entleert, um diesem Universum und all seinen Bewohnern Würde und Eigenwert zu verleihen.

Mit dem göttlichen „Bereschit" kam das Ende der Schreckensträume aller Dunkelzeiten. Das Leben auf Erden erhielt einen Sinn: Es ward Licht. Das Gottesbuch vom Anfang aller Anfänge bleibt die mystische Vision der Ursprünge des Seins, gekleidet in wuchtig lautere Worte, die Kind und Greis, Einfalt und Genie so unmittelbar ansprechen, so daß alle aus ihm Glauben und Vertrauen schöpfen können – zu Moses Zeiten, in den Tagen Jesu und morgen auch.

Firmament und Festland

Frage:

Und nun kommt der zweite Tag. Da schuf Gott Himmel und Erde. Ich muß Ihnen ehrlich sagen, ich habe Schwierigkeiten mit dem Weltbild, das da deutlich wird. Was ist für den Hebräer „oben" und „unten" gewesen? Das ist ja alles Wasser.

Lapide:

Ja. Der Hebräer, der das auf Pergament oder auf Tierhaut brachte – nachdem 100 Generationen vor ihm es, um die Lagerfeuer der Wüste hockend, geschliffen und gefeilt haben in einem langtausendjährigen Prozeß des Weitererzählens, des Nachdichtens und des Nachdenkens –, der Hebräer hatte ein Weltbild, das natürlich mit unserem wissenschaftlichen nicht übereinstimmt. Aber dieser Mann wollte beileibe keine wissenschaftliche Forschung referieren oder aufschreiben, sondern einen Versuch machen, auf die Urfragen zu antworten, auf die die Wissenschaft auch Antworten sucht.

Frage:

Dennoch: da muß doch ein zeitgenössisches Weltbild zugrunde liegen.

Lapide:

Er sah ein Firmament, wie eine Halbkugel. Er sah, daß die Gewässer vor der Erde waren, was die heutigen Naturwissenschaftler von der Entstehung der Erde bestätigen, Wasser und Wasser, aus dem langsam die Erde auftaucht. Über die beiden ist, wie eine Halbkugel, das Firmament des Himmels gespannt. So entstanden die drei Grundbestandteile des Weltalls für seine Sichtbarkeit, nämlich das Firmament oben, die Gewässer unter ihm und die Erde dazwischen, auf der er, der Menschling, geht und steht.

Frage:

Aber das passiert jetzt erst am dritten Tag. Da geschieht auf der Erde was, da scheidet sich das Wasser vom Land.

Lapide:

Richtig. Nicht es scheidet sich, sondern Gott scheidet sie, er ist noch immer der einzige Schöpfer, er scheidet Wasser von Wasser, wie es am zweiten Tag heißt, und ermöglicht dadurch die Entstehung des Festlandes, auf dem wir stehen.

Frage:

Und das macht den Menschen im Grunde erst möglich, nicht wahr?

Lapide:

Ja. Aber es ist interessant zu sehen, wie die Wissenschaft hier die Bibel bestätigt, denn die Urwasser waren die, die höchstwahrscheinlich das älteste Element der Urelemente auf unserem Planeten Erde waren. Aus dem Urchaos dieser Gewässer entsteht das Trockene, indem es auftaucht, und so scheidet Gott die Wasser oben und unten, rechts und links, und die Kontinente steigen herauf.

Der Lobpreis der Pflanzen

Frage:

Aber an diesem dritten Tag passiert auf diesen Kontinenten etwas, da fängt es zu grünen an, und eigentlich ist dieser dritte Tag ein Lobpreis der Pflanzen.

Lapide:

Dies ohne Zweifel. Am dritten Tag, nachdem die Geologie,

wenn man so will, fertig war, kommt es zum Anfang der Flora. Ein Grünen, ein Wachsen von Bäumen, von Samen, von allem, was Sie wollen, aber das wichtigste am dritten Tag ist, daß Gott nicht mehr alleine schafft. Wie Buber so schön das Hebräische nachahmt: „. . . Und sprießen lasse die Erde Gesproß". Das heißt, die Erde liegt nicht mehr stumpf brütend da, nur ein Geschöpf . . .

Frage:
Eben Schöpfung!

Lapide:
Sie hilft Gott beim Schaffen. Die Kreatur hat von nun an ihren tätigen Anteil an Gottes Werk. Gott will nicht allein sein. Und von nun an bringt die Erde hervor: Samen, die Pflanzen, das Kraut je nach ihrer Art und die Bäume zuletzt. Das heißt, vom dritten Tag an hat Gott Mitarbeiter am fortschreitenden Schöpfungswerk. Darum heißt es auch am dritten Tag zweimal „und Gott sah, daß es gut war". Das Mitschaffen der Elemente, der von ihm geschaffenen Dinge, die jetzt weiterarbeiten unter seiner Souveränität, delegiert sozusagen von ihm aus durch die Schöpfungskraft, die ihnen verliehen wird, dem gilt das zweifache: „Und Gott sah, daß es gut war."
Deshalb findet ja, Jahrtausende später, die Hochzeit zu Kana „am dritten Tage" statt. Denn die Rabbinen haben schon im Altertum aus diesem zweifachen „gut" ein doppelt gutes Omen herausgelesen: eins für die Braut und eins für den Bräutigam (Gen 1,10 und 1,12). So wurde der Dienstag – als dritter Tag – zum traditionellen Trauungstag im Judentum, wie es

auch im zweiten Kapitel des Johannesevangeliums nachzulesen ist.

Frage:
Ich möchte noch einmal auf den Autor zurückkommen. Dieser Lobpreis der Pflanzen, ist der aus Zeitgenossenschaft verstehbar? Kann ich zurückschließen auf den Ort, an dem dieser Text entstanden ist? Da muß ja Grün selten sein!

Lapide:
Ja. Wir können aus der Häufigkeit der Worte Gewässer, Bewässerung, Feuchtigkeit, wie es gleich auf der nächsten Seite heißt, aus der Vielfalt der Pflanzen und der Betonung des Grünen schließen, daß das von Wüstenbewohnern, Steppennomaden geschrieben ist.

Frage:
Im Grunde die Paradiesvorstellung eines Wüstenbewohners?

Lapide:
Ohne Zweifel. Denn sein Traum war ein gut bewässerter Garten, den Gott ihm schenkt, wie wir alle wissen, wenn wir auf der nächsten Bibelseite weiterlesen. Die rabbinische Überlieferung erzählt dies in folgenden Worten: Desselbigen (dritten) Tages öffnete Gott die Pforte des Gartens Eden und nahm von dort die Samen zu allerlei Bäumen, die sollten alle Frucht tragen, ein jeder nach seiner Art. So auch zu den Gräsern und Kräutern, deren Samen Er auf die Erde streute. Also deckte Gott all seinen Geschöpfen den Tisch – noch ehe sie da waren.

Woher hat die Sonne ihr Licht?

Frage:

Wir kommen zum vierten Tag. „Gott schuf Licht und Finsternis." Das hat er doch schon getan.

Lapide:

Nicht genau. Er schuf „die zwei großen Leuchten", wie hier so schön steht. Die Lichter am Himmelsgewölbe, die Zeichen sein sollen von festen Tagen und Monaten und Jahren. Die sollen von nun an auf die Erde hin leuchten. Das heißt, so wie Gott am dritten Tag die Kreativität an die Bäume und Pflanzen delegiert hat, so delegiert er seine Kraft der Erleuchtung, die er am ersten Tag bewiesen hat, am vierten auf die Himmelskörper, die von nun an leuchten werden. Nicht *sie* leuchten. Sie haben verliehene Leuchtkraft von Gott bekommen und tun unter ihm, was Kraut und Pflanzen auf Erden tun; sie tun's im Himmel, sie führen die Schöpfung weiter.

Frage:

Aber hinter diesen Sätzen steckt doch wieder eine Urerfahrung des Menschen: Licht als Voraussetzung von Leben.

Lapide:

Ohne Zweifel, aber wir haben ja zwei Arten von Licht. Das Urlicht, das keinen Artikel kennt. Licht schlechthin, ohne das, wie Sie richtig sagen, ein Leben undenkbar ist, geschweige denn eine fortschreitende Schöpfung; und wir haben jetzt bereits Himmelskörper, die da leuchten sollen unter Gott und dank Gott. Das interessante ist, daß weder der Name Sonne noch Mond hier erscheinen, obwohl „die größere und die kleinere Leuchte" genannt sind, was für jeden Menschen klar ist.

Frage:
Warum?

Lapide:
Sie werden nicht genannt, weil zur Zeit, als das auf Pergament gebracht wurde, die halbe Menschheit die Sonne und die andere Hälfte den Mond als Gott verehrten. Hier werden sie mit einer Radikalität, die wir Heutigen nicht mehr mitbekommen, aller Magie entleert, um mit einem Satz zu Geschöpfen Gottes reduziert zu werden. Sie dienen unter ihm, aber verdienen selbst keinerlei Huldigung. Deshalb werden Sonne und Mond nicht genannt.

Frage:
Ich glaube, wir können von Tag nicht reden, ohne von der Nacht zu reden, und Nacht ist ja die Erfahrung der Bedrohung des Menschen.

Lapide:
Richtig.

Frage:
Das ist wahrscheinlich auch ein Teil dieser Schöpfung, daß Gott Licht werden ließ als Hoffnung auf Erlösung.

Lapide:

Ja. Die Tora geht einen Schritt weiter. Sie sagt, und die Propheten und der Psalmist wiederholen es: Gott schuf das Licht und machte die Finsternis, auf daß keiner von uns glauben würde, es gäbe etwas vor Gott, das Gott nicht ins Dasein rief. Auch die Finsternis hat er ins Dasein gerufen, denn vor ihm war in der Tat nichts außer Gott. Daher ist er Schöpfer beider, und sie passen in diese lange Liste von Kontrastpaaren hinein, die die ganze Bibelseite wie ein roter Faden durchlaufen. Licht und Finsternis, beide hat er geschaffen, wobei die Finsternis älter ist als das Licht; daher heißt es sechsmal: „und es war Abend" – zuerst – „und es war Morgen: ein Tag", es sei der zweite Tag, der dritte . . .

Daher beginnen alle jüdischen Feste mit dem Vorabend, daher beginnen auch das Weihnachtsfest mit der Weihnachtsnacht und Ostern mit der Osternacht. Denn das waren ursprünglich jüdische Feste, die, wie die Bibel uns hier sagt, mit dem Abend begannen, und der Abend kommt vor dem Morgen.

Der Segen des fünften Tages

Frage:

Der fünfte Tag: Da tut sich auf Erden wiederum einiges. Da schuf Gott die Wassertiere und die Vögel.

Lapide:

Wir steigen in den Stufen des Daseins schrittweise auf. Das

ganze Sechstagewerk hat seine Architektur, und sie bestätigt Herrn Darwin in gewisser Weise. Gleichzeitig ist sie mir viel sympathischer als seine Evolutionstheorie, weil sie viel poetischer und klarer ist. Zumal wir im Hinblick auf Darwin bedenken müssen, daß in der Bibel „tausend Jahre in den Augen des Herrn wie der gestrige Tag" (Ps 90,4) gelten – wobei auch „tausend Jahre" nicht arithmetisch gemeint sind, sondern Zeitalter von Jahrmillionen umfassen können. Wir begannen mit der Geologie: dem Gestein; wir kamen dann zu dem Licht, das als Vorbedingung allen Lebens gilt. Wir kommen nachher zur Flora, wir beginnen langsam mit dem Kraut. Wir gehen dann über die Pflanzen, die Fruchtbäume und ihre Samen zur Fauna, den Tieren . . .

Frage:
Zunächst: Wasser und Luft.

Lapide:
Richtig. Als Vorbedingungen alles Lebens wie das Licht: Wasser, Luft, Licht und das Firmament über alle gespannt. Das ist die Architektur, mit der unser Bauwerk beginnt. Aber hier am fünften Tag sind wir bereits bei der Fauna gelandet, wobei die Fische interessanterweise den Vorrang haben, gemäß dem ersten Tag, wo die Gewässer des Urchaos vor dem Festland kommen, nach ihnen die Vögel des Himmels. Gott segnet sie beide und gibt ihnen den Segen des Fruchtbarseins, des Sich-Mehrens.
In der Erzählungsweise der alten Lehrer im biblischen Israel

klingt das etwa so: Am fünften Tage wimmelte das Wasser mit lebendigen Fischlein, Männlein und Weiblein miteinander. Und allerlei Gevögel kam aus dem Wasser, Männlein und Weiblein, und zweierlei von ihnen, als welche da sind: die Taube und die Turteltaube vor allem, die für Brandopfer ausersehen war. Auch allerlei Würmer und Kriechtiere stiegen aus dem Wasser. Desselbigen Tages ließ Gott den Leviathan im Meer aufkommen, das gewaltige Großtier, das die ganze Fischwelt überragt.

Welche Tiere von der Erde gekommen sind, die paaren und vermehren sich im Wasser. Allein das Gevögel ist davon auszunehmen: Vom Wasser ist es gekommen, aber dennoch vermehrt es sich auf der Erde. Welche Tiere vom Wasser gekommen sind, vermehren sich durch Eierlegen; welche aber von der Erde stammen, die werfen Junge . . .

Ausschlaggebend für die Schriftgelehrten ist es, daß Gott sie allesamt ernährt und jedes seiner Geschöpfe mit Lebensmitteln versorgt. Der Psalmist bestätigt es: „Aller Augen warten auf dich, Herr, und du gibst ihnen ihre Speise zur rechten Zeit" (Ps 145,15).

So sollen auch die Tiere am Sabbat ruhen (Ex 20,10); Rind und Esel sollen nicht vor denselben Pflug gespannt werden, da ja die Zugkraft der beiden verschieden ist (Dtn 22,10); auch soll man dem Ochsen, wenn er drischt, das Maul nicht verbinden (Dtn 25,4), denn Gott hört nicht nur auf „das Vieh", mit dem das Buch Jona schließt, sondern auch auf die jungen Raben, wenn sie zu ihm rufen (Ps 147,9). Kurzum: „Der Herr ist allen gütig und erbarmt sich aller seiner Werke" (Ps 145,9).

„Oder habt ihr je einen Hirsch als Feigentrockner, einen Löwen als Lastträger oder einen Fuchs als Kaufmann gesehen?" fragt der Talmud gut rhetorisch. Keineswegs! Denn sie alle werden mühelos ernährt von ihrem Vater im Himmel, der ihnen Tag für Tag den Tisch bereitet. Aus dieser dienenden Fürsorge Gottes zieht eine alte Geschichte im Talmud eine erbauliche Schlußfolgerung, die an Jesu zeichenhafte Fußwaschung erinnert. Es geht um Rabbi Elieser, Rabbi Jehoschua und Rabbi Zadok, die bei einem Gastmahl vor Rabban Gamliel, ihrem Lehrer, saßen, während er selbst vor ihnen stand und einschenkte. Er reichte den Becher dem Rabbi Elieser, der aber nahm ihn nicht an. Hierauf reichte er ihn dem Rabbi Jehoschua, der ihn dankend annahm. Da sprach Rabbi Elieser zu ihm: Wie ist das, Jehoschua, wir sitzen da, und der große Rabban Gamliel steht vor uns und schenkt uns ein! Da sprach er zu ihm: Wir finden einen größeren als ihn, der bedient hat: Abraham, eine Leuchte seiner Generation, von dem geschrieben steht: „Er aber stand vor ihnen unter dem Baum, während sie aßen" (Gen 18,8). Vielleicht wirst du sagen: Jene Gäste schienen ihm Engel zu sein! Nein, sie erschienen ihm als Araber, und dennoch bediente er sie. Und wir, warum sollte Rabban Gamliel nicht bei uns stehen und einschenken?

Da sprach zu ihnen Rabbi Zadok: Wie lange noch wollt ihr die Ehre Gottes vernachlässigen und euch mit der Ehre seiner Geschöpfe beschäftigen? Der Heilige, gepriesen sei Er, läßt Winde wehen, Wolken aufsteigen, Regen fallen, den Erdboden sprossen, Er deckt den Tisch in Üppigkeit für jeden einzelnen – und wir, warum sollte Rabban Gamliel nicht bei uns stehen und uns einschenken?

Frage:

Ein Wort fällt mir an diesem fünften Tag besonders auf: „fruchtbar". Heißt es, Gott will seine Schöpfung auf Dauer anlegen?

Lapide:

Ohne den geringsten Zweifel. Daher heißt es ja auch schon vom Fruchtbaum zwei Tage zuvor, er möge Samen haben. Wer Samen sagt, sagt Zukunft. Wer Samen sagt, sagt Fortpflanzung. Wer Samen sagt, meint Fülle. Genau das ist hier auf das tierische Leben übertragen. „Seid fruchtbar und mehret euch."

Frage:

Das ist eigentlich Verheißung von Zukunft.

Lapide:

Ich würde sagen, es ist ein Segen. „Denn Gott segnete sie und sprach . . ." Das heißt, das Fruchtbar-sein-Können überhaupt, ja der Sex, die Sexualität ist ein Segen Gottes, und, Gott behüte, kein Fluch; das ist hier schon angedeutet: Wenn die Tiere sich mehren sollen, so entspricht das dem Schöpfungswillen Gottes, und die Erde ist groß genug, so daß noch unendlich viel Platz da ist, den sie bevölkern können durch eben diese Selbstvermehrung.

Frage:

Nur über das Ende dieser Zukunft wird nichts gesagt.

Lapide:

Gesagt wird nichts, gedeutet wird viel. Die Rabbiner sagen zum Beispiel: Adam, der erste Erdling, wird hebräisch mit drei Buchstaben geschrieben: Aleph, Dalet, Mem. „A" ist der erste Buchstabe des hebräischen Alphabets, der Anfang. Dalet, das „D", weist auf David hin, den großen König, und das „M" zum Schluß auf den Messias der Vollerlösung. So daß die Rabbiner sagen, im ersten Erdling sind die drei Hauptetappen der Heilsgeschichte vorausgebildet, genau wie bei „im Anfang schuf" bereits ein Weitergehen und ein Ende, ein hoffnungsvolles Ende mitschwingt.

Frage:

Das ist eigentlich auch wieder so ein Gegensatzpaar: Wenn es Anfang gibt, muß es Ende geben.

Lapide:

Genau. Und das Kreislaufdenken des vorbiblischen Orients, das zwecklos und sinnlos sich ewig wiederholt, ist hiermit gebrochen in eine zielstrebige Linie, die die Grundlage des ganzen Abendlandes und seiner Zivilisation geworden ist. Ein lineares Denken, das auch den Tod als Teil des Daseins willig annimmt.

Menschen und andere Erdentiere

Frage:

Herr Lapide, jetzt wird's spannend, jetzt kommt der sechste Tag. Zunächst entstehen die Erdtiere an diesem sechsten Tag, und interessanterweise mit den Erdtieren, am gleichen Tag, der Mensch.

Lapide:

Ja. Das soll zuerst einmal, wie die Rabbinen sagen, uns Demut einflößen. Zwischen den Kriechtieren, den Fischen, den Mükken, den Elefanten und den Menschen ist keine Scheidung da. Keine Krone der Schöpfung, sondern eine Weiterentwicklung der Fauna, die dann im Menschen gipfelt. Es ist gar nicht so sicher, daß wir das letzte Wort der Schöpfung sind. Aber in der Momentaufnahme bislang sind wir hier das letzte Stück. Es heißt aber auch, wie die Rabbinen sagen: Wenn der Mensch hochmütig wird, wird ihm bedeutet: Lieber Freund, die Mükke ist älter als du, der Regenwurm war vor dir da, also bitte, wisse deinen Platz in der Schöpfung als eines der Geschöpfe Gottes, keineswegs das älteste, also das ehrwürdigste, noch vielleicht das letzte gar, so daß der sechste Tag nicht den Menschen bringt, sondern die Fauna in ihrer Weiter-, Höherentwicklung und zum Schluß den Menschen, in der Tat.

Frage:

Aber dennoch, da ist doch ein Programmsatz. Es heißt, zum Bilde Gottes schuf er ihn. Was heißt das?

Lapide:

Hier beginnen wir mit dem, was ich vorher nannte: die Bildersprache der Bibel. Über das Wort „im Bilde Gottes schuf er ihn" sind dicke Bände geschrieben worden, die z.B. sagen: „im Ebenbild Gottes" sein heißt frei sein wie Gott, das heißt die Willensentscheidung zu haben; nicht Sklave seiner Instinkte zu sein, wie es das Tier ist, oder der Naturgesetze wie die Flora, die sich nicht rühren kann und Regen, Gewitter und Hagel unterworfen ist, sondern frei entscheiden können; es heißt mitschaffen können, also Kreativität, das wäre ein zweiter Zug der Gottähnlichkeit; es wäre drittens, sagen einige der Rabbinen, das Lachen-Können, das nur wir unter aller Tierwelt besitzen, und nicht zuletzt die Liebe. Denn richtig lieben und das heißt beileibe nicht nur Sexualleben, sondern Liebe als Selbsthingabe, als Ergänzung zweier Menschen, die dann eins werden, das kann Gott, und nach seinem Vorbild auch sein Ebenbild, der Mensch.

Frage:

Der Mensch kann doch im Grunde diesen Satz mißverstehen. Etwa so, er sei gleich Gott. Das ist nicht gemeint?

Lapide:

Keineswegs. Steht auch nicht da. Denn „Ebenbild" oder anders gesagt, „Abbild" ist nur ein blasser Nachhall Gottes; d.h. wir sind alle Gott *ähnlich,* das ist ein Adelsbrief, den keiner uns nehmen kann, den keiner uns rauben soll. Aber „Gott gleich", das kommt im Sündenfall des Paradieses vor, wo diese Gottähnlichkeit von der Schlange benützt wird, um zur letzten Stufe vorzustoßen, nämlich „Gott gleich" zu werden, also Gott zu entthronen, um selber Gott zu spielen – eine Versuchung, der viele unserer Zeitgenossen noch immer ausgesetzt sind.

Frage:
Das heißt, der Mensch kann seine Stellung in der Schöpfung mißverstehen, verkennen, er kann übermütig werden.

Lapide:
Und wie! Der Turmbau zu Babel beweist es, daß er in den Himmel hineinbauen will. Sodom und Gomorra, die Sintflut beweisen, daß er die Schöpfung verderben kann, die Gott sehr gut geheißen hat. Die Freiheit, die ihm Gott verliehen hat, heißt, daß er „ja" zu Gott sagen kann und gottgemäß die Welt regieren, daß er aber ebenso „nein" zu Gott sagen kann, um Atheist zu werden und Weltzerstörer. Eine Gefahr, die in unseren Tagen mehr als aktuell geworden ist. Beides liegt in seiner Hand.

Frage:
Herr Lapide, das scheint mir wichtig. Wenn ich den Satz richtig lese, dann sagt er etwas aus über das Verhältnis des Menschen zu Gott, und er sagt etwas aus über das Verhältnis von Mensch zu Mensch.

Lapide:
Er sagt zuerst einmal etwas über das Verhältnis von Mensch zu Gott aus, was dem Autor oder den unzähligen Autoren dieser

51

Schrift viel wichtiger war, nämlich das Verhältnis von Geschöpf zu Schöpfer. Er sagt aus, daß der Mensch *ein* Geschöpf Gottes ist, daß er zwar die Herrschaft über die Erde und die ganze Schöpfung bekommen hat, aber als Vizekönig Gottes und nicht als Selbstregent. Das heißt, er ist Treuhänder dieser Schöpfung, die er erhalten, bewahren soll.

Macht euch die Erde untertan?

Frage:
Der Mensch kann nicht beliebig über die Schöpfung verfügen?

Lapide:
Keineswegs, denn nicht ihm gehört sie. Sie ist und bleibt Gottes Schöpfung. Das sagt schon der erste Bibelsatz. Und der Mensch, der als letzter geschaffen wurde, daher eigentlich nach patriarchalisch-orientalischem Denken der jüngste und der kleinste in der ganzen Schöpfung ist, der bekam von Gott die Herrschaft delegiert: Sei Herr über diese Schöpfung – aber nicht Tyrann; erhalte sie, verwalte und entfalte sie, aber beute sie nicht aus! Nicht als Beutestück, nicht als Freibrief zur Unterjochung der Schöpfung hast du die Herrschaft. Hier übersetzt Luther irreführend falsch: „Macht euch die Erde untertan", ein fataler Fehler in der Übersetzung. Denn das Hebräische spricht nicht vom Untertansein, sondern es heißt: „Bemächtigt euch der Erde und herrschet über sie", im Sinne Salomons, der ein weiser Herrscher war, zu Gunsten der Be-

herrschten und nicht des Herrschers. Das ist unser Auftrag, wie er hier unzweideutig steht. Kein Unterjochen, kein Beutestück. Eine Treuhänderschaft, Mandatar Gottes sollen wir sein als seine Regenten auf Erden; wenn nicht, werden wir diesem Schöpfungsauftrag untreu.

Frage:

Kann man auch so sagen: ein Erbstück, mit dem man sehr sorgfältig umgehen muß.

Lapide:

Ja, um es weiter zu übermitteln, unseren Söhnen und Söhnessöhnen; keineswegs zu bewahren, sondern zu entfalten und weiterzugeben, also besser weiterzugeben, als man es bekommen hat. Aber Gott behüte nicht auszunützen für unseren engstirnigen, kleinkarierten Egoismus.

Frage:

Aber da ist noch meine andere Frage. Was sagt dieser Satz „zum Ebenbilde Gottes schuf er ihn" aus über das Verhältnis von Mensch zu Mensch? Da darf sich doch einer nicht überheben über den anderen, denn vor Gott sind sie gleich.

Lapide:

Das genau sagt die Bibel nachher. Was hier *nicht* steht, ist eine Ausbeutung der Natur. Was hier *nicht* steht, ist, daß die Schöpfung dem Menschen gehört, was hier ebenso *nicht* steht, ist, daß Mensch über Mensch herrschen soll, denn alle sind Ebenbilder Gottes, und hier liegt die Keimzelle aller menschlichen Demokratie. „Ebenbilder Gottes" sind alle in der gesamten Gattung der Zweifüßler, vom Bettler bis zum König, vom Tagelöhner bis zum reichsten Milliardär. In gleicher Nacktheit kommen sie zur Welt, in derselben Blöße kehren sie zur Erde zurück, und für ihren Weg von der Wiege bis zum Grabe gilt das Bibelwort: „Meine Knechte seid ihr, spricht der Herr. Nicht Knechtesknechte Sterblicher sollt ihr werden!"

Frage:
Das ist auch eine politische Aussage.

Lapide:
Ohne Zweifel. Sie entthront das Königtum des alten Orients, wo jeder kleine König, geschweige denn der Pharao, ein Sohn Gottes oder Gott selbst war und göttliche Huldigung verlangte. Mit dieser Ebenbildlichkeit aller Menschen wird der Pharao entmächtigt, die Satrapen in Mesopotamien und in Sumerien werden zu einfachen Erdlingen reduziert, und Gott allein ist König, womit die Demokratie aller ebenbürtigen Menschenkinder beginnt.

Frage:
Kann man es auch so sagen: Ein Mensch, der sich überhebt über den anderen Menschen, frevelt gegen Gott.

Lapide:
So sagen es die Rabbinen. Ein Mensch, der seinen Nächsten haßt, der haßt den göttlichen Funken im Nächsten, der ihm

54

den Adel des Menschentums verleiht, der überhebt sich über einen Funken der Gottheit sozusagen, den sein Bruder und sein Nachbar von Gott erhalten hat.

Frage:

Wir sind noch am sechsten Tag. Ein Satz ist da noch interessant. „Als Abbild Gottes schuf er ihn". Darüber haben wir geredet, und dann heißt es: „Als Mann und Frau schuf er sie", das heißt doch: Vor Gott sind Mann und Frau gleichberechtigt?

Lapide:

Nicht der geringste Zweifel. Das Hebräische will das sogar im Klang der Namen andeuten: Als Mann und Männin schuf er sie, sagt der frühe Luther in einem Entwurf seiner Erstübersetzung. Er will die Redeweise der Genesis nachahmen, die betont, daß zwischen „Mann" (isch) und „Frau" (ischa) nur ein einziger Buchstabe unterscheidet. Die beiden wurden hier gleichzeitig geschaffen; denn, wie es später auf der zweiten Bibelseite heißt: „Es ist nicht gut, daß der Mann (der Adam) allein sei", und das ist auch eine Aussage über Gott. Denn Gott schuf, damit er nicht allein sei, deshalb schuf er sich seine Ebenbilder, die wir nun sind. Daher soll auch sein Ebenbild nicht allein sein, und die Kontrastpaare oder, wenn Sie so wollen, das Prinzip „Polarität", das durch die ganze Schöpfung läuft, erreicht seinen Gipfel in Mann und Frau. Das Kontrastpaar, das einander ergänzen soll, woraus die Rabbinen schließen, daß ein Junggeselle nur ein halber Mensch ist.

Es war sehr gut

Frage:

Herr Lapide, wenn man so die Tage durchgeht, dann fällt wiederum so ein Programmsatz auf, den Sie schon erwähnt haben. Der heißt: Und Gott sah, daß es gut war. Jetzt am sechsten Tag heißt es: Gott sah alles an, was er gemacht hatte, es war sehr gut.

Lapide:

Das „sehr gut" heißt, daß der Zusammenklang der gesamten Schöpfung, das Ergebnis aller sechs Tage dieses Werkes – mit dem Menschen als Treuhänder – für sehr gut befunden wird. Nicht ein einzelner Bestandteil, sondern das Gesamtbild! Vorher hieß es bei den Einzeltagen: „Und Gott sah, daß es gut war." Das gilt für die Geologie, für die Fauna, für die Flora, für den Menschen; aber nicht der Mensch wird für sehr gut befunden, das wäre wahrhaftig eine Übertreibung. Aber der Mensch im Zusammenklang mit seiner Umwelt, die samt und sonders Gottes gute Schöpfung ist, das Ganze wird zum Schluß der Schöpfung „sehr gut" geheißen.

Frage:

Sagt das nicht etwas aus über den Auftrag des Menschen?

Lapide:

Sicherlich. Denn das „sehr gut" steht ja zwei Sätze nach dem „und ihr sollt herrschen über diese Fische, die Vögel, das Vieh und die Erde", das heißt: das „sehr gut" ist eigentlich potentiell. Es ist kein Kompliment, das Gott sich selber macht oder dem Menschen erteilt, sondern er sagt: Wenn ihr die Schöpfung in dieser Harmonie, die ich euch darbiete als mein Geschenk, weiter so weise regiert, wie ich es euch vorgetan habe, dann in der Tat kann man das „sehr gut" nennen. Sehr gut ist also eher ein Wunsch als eine Feststellung.

Das Wichtigste: Gott ruht

Frage:
Herr Lapide, jetzt habe ich beim Text Schwierigkeiten. Da heißt es: So wurden Himmel und Erde vollendet und ihr ganzes Gefüge. Dann kommt der siebte Tag. Und dann heißt es: Am siebten Tag vollendet Gott das Werk, das er geschaffen hatte. Also tut er doch noch was?

Lapide:
Er tut nun das Wichtigste in dieser Schöpfung: er ruht. Und ohne diese Ruhe des siebenten Tages, so sagen unsere Rabbinen, wäre das Werk nicht vollendet gewesen.

Frage:
Also wieder ein Gegensatzpaar: Arbeit—Ruhe.

Lapide:
Völlig. Und nicht nur das. Sondern wir Menschen funktionieren, wie wir alle wissen, eigentlich nach Art des Wechselstroms: im Rhythmus von Arbeit und Ruhe, des Sechstage-

werks, in dem wir Gott nachahmen, und des siebten Tages, an dem wir, wie es hier so schön hebräisch heißt, aufatmen und endlich das Tun, das Haben, das Habenwollen lassen, um zu *sein*, nämlich um Menschenkinder zu sein, die zu werden wir bestimmt sind.

Frage:
Heißt das ruhen?

Lapide:
Ja. Das alles umfaßt das hebräische „ruhen". Nicht im Sinne von nichts tun, gähnen und schlafen; sondern endlich dem Menschsein den Vorrang gewähren, indem wir nicht in die Schöpfung eingreifen, sei es destruktiv oder konstruktiv, sondern am siebten Tag uns besinnen, daß wir im Grunde tun, was Gott am siebten Tage tat, indem er sein ganzes Werk durch Ruhe, Aufatmen und Besinnung krönen wollte. So ist eigentlich nicht der Mensch die Krone der Schöpfung, sondern der siebente Tag, der einzige Tag, der einen Eigennamen hat: Sabbat. Alle anderen haben einfach arithmetische Numerierungen. Der erste, der zweite, der dritte, der sechste. Der Sabbat ist die Krone dieser Schöpfung, die diesem Werk zwei Dinge mitgibt: den Auftrag zum Arbeiten und zum Mitschaffen, der dann durch die allwöchentliche Sabbatruhe gekrönt wird, so daß wir jede Woche machen, was Gott uns vorgetan hat. Wir schaffen und wir ruhen, wir schaffen weiter und ruhen in einem ewigen Wechselstrom, dem unser Menschentum als Grundgesetz unterworfen ist.

Frage:

Das heißt: Dieser siebte Tag, dieser Tag der Ruhe ist ein heiliger Tag, denn Gott schafft da das Heilige.

Lapide:

Richtig. Darum heißt es auch das erste Mal in der Bibel: Und Gott segnete den siebenten Tag – das haben wir erwartet, er segnete auch die Schöpfung vorher – und heiligte sie. Hier kommt zum ersten Mal das Wort „heilig" vor – und interessanterweise: Es kommt sonst nicht vor im ganzen Buche Genesis. Die Erzväter, die Patriarchen sind für den Autor dieser Bibel aufrichtige Männer, in der Tat Kinder Gottes, die ihm nachstreben – heilig sind sie nicht. „Heilig" kommt erst wieder im dritten Buch Moses vor, als das Volk Israel zu Füßen des Sinai steht und Gott sagt: „Heilig sollt ihr mir sein", denn Heiligkeit kann nur zwischen Menschen geschehen. Es gibt viele Menschen, in ihrer Mitte kann Heiligkeit wohnen, so daß der Sabbat hier geheiligt wird als Ruhetag: den Menschen, aber nicht nur den Menschen, auch dem Vieh gegeben. Denn im Sabbatgebot, das am Sinai verliehen wurde, heißt es: Du sollst ruhen, deine Tochter, dein Sohn, dein Sklave, deine Magd und das Vieh in deinen Toren. Doch die Bibel geht noch weiter: Im Sabbatjahr soll auch die Erde ruhen, denn auch die Erde, wie unser Schöpfungsbericht betont, ist eine Schöpfung Gottes, die ihre Ruhe verdient, nachdem sie Gesproß sprießen ließ. Genau wie die Ruhe, die wir, die Mücken, die Elefanten und das Vieh nach getaner Arbeit verdient haben.

Frage:

Kann man weitergehen? Sagt dieser siebte Tag: Gott hat Vertrauen in seine Schöpfung?

Lapide:

Ja. Denn wenn er ihr den siebenten Tag als heiligen Tag schenkt, so ist ein Hauptzweck dieser Ruhe das Weiterschaffen-Können in der Woche darauf. Die Ruhe ist kein Selbstzweck. Sie ist eine Möglichkeit, die Hast und Last des Alltags abzustreifen, um sich an sich selbst zu erinnern, seine Ursprünge, an Gott und an unser Menschenkindertum; sie ist aber auch ein Sammeln von Energie für die nächste Schöpfungswoche, die gleich am Sonntag weitergeht. Deshalb spricht aus dieser Ruhe Vertrauen in die Schöpfung, denn sie führt zum Weiterschaffen und ist eingezeitigt in diesen Siebener-Rhythmus, der inzwischen die ganze Welt erobert hat. Der Sabbat als „jüngster" Tag der Schöpfung *dient* allen „älteren" Geschöpfen; vor allem aber dem Menschen, zu dessen Erholung er bestimmt ist. Daher zitiert Jesus ein bekanntes Sprichwort, wenn er sagt: Der Sabbat ist für den Menschen da, nicht der Mensch für den Sabbat (Mk 2,27).

Frage:

Die Frage ist aber jetzt, kann der Gott der Bibel sich auf seine Schöpfung verlassen, vor allem auf den Menschen?

Lapide:

Er kann sich auf sie *nicht* verlassen, denn was aus diesen zwei Bibelseiten herausspricht, ist, daß Gott ein radikales Risiko eingegangen ist mit der Schöpfung seines Ebenbildes. Denn er hat den Menschen frei geschaffen; und Liebe ohne Freiheit gibt es nicht. Und wenn die Kabbalisten unserer jüdischen Mystik fragen: Warum hat Gott die Welt geschaffen? und darauf antworten: aus Liebe, denn nur die Liebe braucht ein Gegenüber, das frei ist zu lieben oder nicht, dann hat Gott den Menschen geschaffen in einer radikalen Verunsicherung und nicht in einer Vorprogrammierung, die wie eine Marionette einem ganz klar gesteckten Ziel entgegengeht. Nein, so ist es nicht! Das heißt, Gott hat den Menschen, wenn Sie so wollen, verlassen, indem er ihm die totale Freiheit gab. Er hat sich auf ihn verlassen, aber mit dem Bewußtsein des Risikos, daß er diese Welt auch zerschmettern, auch zerstören kann, auch gottwidrig usurpieren, anstatt gottgefällig regieren kann.

Frage:
Dennoch, so scheint es, dieser Gott der Bibel ist ein Gott der Liebe, denn diese Geschichte von der Erschaffung der Welt ist doch ein Hymnus, ein Lobpreis.

Lapide:
Ohne Zweifel. Aber die Rabbinen, die reich an Weltschmerz und an Welterfahrung waren, sagen: Zur Liebe gehören vier Dinge: die Freiheit des Geliebten, den du nicht fesseln willst und zu einem lieblosen Es, zu einem Gegenstand deiner Leidenschaft reduzieren willst. Zur Liebe gehört auch das Mitleiden, denn Liebe ohne Leiden gibt es nicht auf Erden, woraus gefolgert wird, daß auch Gott bereit ist, mit seiner Schöpfung mitzuleiden. Zur Liebe gehört drittens die Ähnlichkeit, d.h.

Gott kann eine Mücke nicht so lieben, wie er den Menschen als Träger seines Ebenbildes lieben kann; zur Liebe gehört schließlich auch das Anderssein. So wie Mann und Frau einander ähneln, aber keineswegs gleich sind, so ähneln Gott und Mensch einander, weil Gott es so wollte, aber gottgleich sind wir keineswegs. Diese vier Elemente gehören zur Liebe, und Liebe ist das Ziel der Schöpfung.

Adam und Eva

Frage:

Am 24. Dezember feiert man nach katholischer Tradition den Namenstag von Adam und Eva, am Heiligen Abend, einen Tag vor Weihnachten. Es ist anzunehmen, daß das kein Zufall ist. Was das bedeuten könnte, diese enge Nachbarschaft von Weihnachten und Adam und Eva, wird noch zu besprechen sein. Zunächst wollen wir der Geschichte der ersten Menschen, der Geschichte von Adam und Eva, einmal nachgehen, wie sie im Buch Genesis, im 1. Buch Mose des Alten Testamentes, aufgezeichnet ist.

Gen 2,4–25: Zur Zeit, als Gott, der Herr, Erde und Himmel machte, gab es auf der Erde noch keine Feldsträucher und wuchsen noch keine Feldpflanzen; denn Gott, der Herr, hatte es auf die Erde noch nicht regnen lassen, und es gab noch keinen Menschen, der den Ackerboden bestellte. Aber Feuchtigkeit stieg aus der Erde auf und tränkte die ganze Fläche des Ackerbodens.

Da formte Gott, der Herr, den Menschen aus Erde vom Ackerboden und blies in seine Nase den Lebensatem. So wurde der Mensch zu einem lebendigen Wesen.

Dann legte Gott, der Herr, in Eden, im Osten, einen Garten an und setzte dorthin den Menschen, den er geformt hatte. Gott, der Herr, ließ aus dem Ackerboden allerlei Bäume wachsen, verlockend anzusehen und mit köstlichen Früchten, in der Mitte des Gartens aber den Baum des Lebens und den Baum der Erkenntnis von Gut und Böse . . .

Gott, der Herr, nahm also den Menschen und setzte ihn in den Garten von Eden, damit er ihn bebaue und hüte.

Dann gebot Gott, der Herr, dem Menschen: Von allen Bäumen des Gartens darfst du essen, doch vom Baum der Erkenntnis von Gut und Böse darfst du nicht essen, denn sobald du davon ißt, wirst du sterben!

Dann sprach Gott, der Herr: Es ist nicht gut, daß der Mensch allein bleibt. Ich will ihm eine Hilfe machen, die ihm entspricht.

Gott, der Herr, formte aus dem Ackerboden alle Tiere des Feldes und alle Vögel des Himmels und führte sie dem Menschen zu, um zu sehen, wie er sie benennen würde. Und wie der Mensch jedes lebendige Wesen benannte, so sollte es heißen.

Der Mensch gab Namen allem Vieh, den Vögeln des Himmels und auch allen Tieren des Feldes. Aber eine Hilfe, die dem Menschen entsprach, fand er nicht.

Da ließ Gott, der Herr, einen tiefen Schlaf auf den Menschen fallen, so daß er einschlief, nahm eine seiner Rippen und verschloß ihre Stelle mit Fleisch. Gott, der Herr, baute aus der Rippe, die er vom Menschen genommen hatte, eine Frau und führte sie dem Menschen zu. Und der Mensch sprach: Das endlich ist Bein von meinem Bein und Fleisch von meinem Fleisch. Frau soll sie heißen, denn vom Mann ist sie genommen. Darum verläßt der Mann Vater und Mutter und bindet sich an seine Frau, und sie werden ein Fleisch. Beide, Adam und seine Frau, waren nackt, aber sie schämten sich nicht voreinander.

Frage:

Herr Lapide, ich nehme an, die meisten Menschen in unserem Land kennen diese Geschichte. Es wird aber auch einige geben, die etwas vermißt haben, Begriffe, die sich sonst mit der Schöpfungsgeschichte und der Erschaffung des Menschen verbinden, z.B. „nach seinem Bild schuf er sie" oder „als Mann und Frau schuf er den Menschen" oder diesen berühmten Satz: „Macht euch die Erde untertan". Diese drei Stichworte sind hier nicht vorgekommen, sie kommen im ersten Kapitel vor, wir haben also so etwas wie zwei Erschaffungsberichte des Menschen innerhalb der Bibel. Ist das richtig?

Zwei Berichte?

Lapide:

Nicht ganz. Ihre Meinung ist die der christlichen Alttestamentler, die behaupten, es handle sich hier um zwei unabhängige Stränge einer uralten Überlieferung, die dann im Laufe der Bibelredaktion zusammengewoben worden sind. Die Rabbinen sind anderer Meinung und glauben, daß das erste Kapitel der Bibel uns das „Was" der Schöpfung erzählt, also den gottgewollten Lauf der Evolution, wie wir heute sagen würden ...

Frage:

... in dem Bericht der sieben Tage nacheinander?

Lapide:

Richtig. Wobei die sieben Tage natürlich sieben Epochen, sieben Zeitalter darstellen und tatsächlich, wie Darwin und die Seinen sagen, mit der Geologie beginnen und in der Leiter des Seins hinaufsteigen bis zum Menschen.

Der Bericht, den wir eben gehört haben, ist keine Wiederholung oder Zweitversion, sondern er sagt uns das „Wie" der Schöpfung, das der erste Bericht uns verschweigt. Aber noch wichtiger, er erklärt uns die beiden großeṅ Verhältnisse, auf denen diese Welt steht: das Verhältnis von Mann zu Frau und das Verhältnis von Gott zu Mensch.

Frage:

Hat es etwas Besonderes zu sagen, daß in diesem Text der Bibel der Mensch am Anfang steht, und erst dann die Rede davon ist, daß Kräuter und Bäume entstehen und daß ein Garten entsteht, in den der Mensch hineingesetzt wird? Hier ist der Mensch vorne, während er im Kapitel 1 am sechsten Tag als Krone oder jedenfalls am Ende der Schöpfung genannt wird.

Lapide:

Das paßt haargenau zum Rhythmus der beiden Kapitel, wobei das erste Kapitel mit dem Menschen als Höhepunkt endet, es dann einen Zwischensatz gibt, der da sagt: Das ist die Entstehungsgeschichte von Himmel und Erde, als sie geschaffen wurden. Das ist entweder die Unterschrift unter das erste Kapitel oder die Überschrift des nun folgenden zweiten Kapitels, so daß das zweite genau dort anfängt, wo das erste geendet hat, nämlich mit dem Menschen. Eine Betonung, die uns sagt, daß der Mensch ohne Zweifel das Ziel dieser göttlichen Schöpfung ist.

Oft wird die Tatsache übersehen, daß die meisten Tage in der Schöpfungsgeschichte ohne bestimmten Artikel genannt werden: „Ein Tag" heißt es am ersten Tag; dann: „zweiter Tag", „dritter Tag" und so fort – bis zum letzten Werktag, der hervorgehoben und *der* sechste Tag" genannt wird. „Das lehrt uns", so sagt Rabbi Schimon Ben Lachisch, „daß der Herr die ganze Welt unter Vorbehalt geschaffen hat. Zu allen Geschöpfen sagt er: Wenn Israel meine Tora auf sich nimmt, dann bleibt es bei dieser Welt. Wenn nicht, so werfe ich alles zurück ins Tohu-Wabohu." Dies besagt aber auch, daß der sechste Tag als Ziel der ganzen Schöpfung gelten darf, während der Sabbat – der einzige Tag, der einen Eigennamen besitzt – der Schöpfung durch Ruhe und Besinnlichkeit ihre Krone aufsetzt.

Eine Zerreißprobe auf zwei Beinen

Frage:

Wir alle kennen das Bild von dem Männlein, das der große Gott aus Staub, Erde und Feuchtigkeit macht; und dann bläst er es an, gibt ihm eine Seele. Gott als Bildhauer? Und der Atem macht lebendig?

Lapide:

Nein, ich würde eher mit den Rabbinen sagen, daß die Schöpfung des Menschen aus zwei Akten besteht: Gott formt ihn aus dem Ackerboden, Gott bläst ihm den Odem in die Nasenlöcher. Wir sind entstanden aus der Hand und dem Mund Gottes und aus zwei total verschiedenen Gegenständen oder Materialien. Wir sind Erde, das bescheidenste aller Materialien unter der Sonne, und wir haben den göttlichen Odem in uns, das Höchste, was Gott geben kann.

Frage:
Kein Wunder, daß der Mensch eine solche Spannung darstellt und aushalten muß.

Lapide:
Eine Zerreißprobe auf zwei Beinen, würde ich sagen, und hier ist sie bereits angelegt. Er ist ein Bündel von auseinanderstrebenden Gegensätzen, die er zur inneren Harmonie zu führen bestimmt ist: Erfolg und Versagen, Krieg und Frieden; Haß und Liebe; Eintracht und Zwiespalt; Demut und Hochmut; Allmachtsallüren und Ohnmachtsängste – kurzum: Er ist und bleibt ein dreifaches Spannungsfeld zwischen dem, was er ist, was er sein will und was er werden kann. So sagt der Talmud: Wenn der Mensch seiner göttlichen Bestimmung entgegenschreitet, so sagt man ihm: Du überragst selbst die Engel. Wenn aber nicht, so wird ihm gesagt: Selbst die Mücke ist mehr als du, da sie ja vor dir geschaffen wurde.

Der Erdling

Wann und wo taucht der Name Adam auf? Und was heißt er?

Lapide:
Adam, der schon im ersten Kapitel auftaucht, heißt nichts anderes als Erdling, wenn ich wörtlich übersetzen will, also ein Wesen, das aus Erde geschaffen ist.

Frage:
Ist das sprachlich aus dem Hebräischen so ableitbar?

Lapide:
Ohne Zweifel, es gibt gar keine andere Möglichkeit.

Frage:
Was heißt Erde auf hebräisch?

Lapide:
„Adama" ist die Erde, Adam ist der Erdling, der aus ihr entstanden ist. Mehr noch: Eine dreifache Nabelschnur bindet uns an Mutter Erde. Aus ihr sind wir genommen, zu ihr ist unsere Heimkehr, von ihr ernähren wir uns alle. Sie ist und bleibt der Ast, auf dem der Mensch sitzt, das Feld, das ihn nährt, und die Heimat, die ihn im Leben und im Tod beherbergt. Auf Gedeih und Verderb bleiben Adam und Adama – Erdling und Erde – in einer ewigen Schicksalsgemeinschaft verbunden, die keiner von uns zu lösen vermag. Das ist gottgegeben, und das soll uns

allen etwas Demut einflößen als Gegengift für unsere Liliputaner-Arroganz.

Frage:
Sie haben einmal bei anderer Gelegenheit gesagt, Adam heißt eigentlich so viel wie ‚jedermann‘, oder ‚unsereiner‘. In welchem Sinn ist das gemeint, wenn er Erdling heißt?

Lapide:
Von „Adam" als Eigennamen des ersten Menschen, der als Urvater aller Sterblichen den einen Ursprung darstellt, aus dem Gott die ganze Menschheitsfamilie hervorgehen ließ, ist es nur ein gedanklicher Katzensprung zum „Adam" als Gattungsbegriff „Mensch", der sowohl alle Nachkommen Adams gemeinsam als auch ein jedes Menschenkind als Einzelwesen bezeichnen kann. In beiden Fällen weist „Erdling" als Inbegriff der Erdgebundenheit auf die Hinfälligkeit unseres Menschentums hin. Wenn also Gott zu Adam im Garten Eden sagt: „Wo bist du?" (Gen 3,9), dann meint er den ersten aller Erdlinge; wenn der Psalmist später Gott fragt: „Was ist der Adam, daß du seiner gedenkst?" (Ps 8,5), so sind wir alle, die diese Erde bewohnen, mitgemeint.

Im Hebräischen der Propheten ist der Sammelname für jeden Zweifüßler „Menschensohn" (eigentlich: Adamssohn), wie Jesus selbst sich auch nennt, um klarzumachen, daß er der Mensch schlechthin ist oder jedermann, der das Leid der Menschheit trägt, indem er mit ihr und für sie leidet. Also ist Adam der Allerweltsmensch, aber die bessere Übersetzung wäre in der Tat „unsereiner", denn keiner ist da ausgeschlossen.

Wem gehört der Garten?

Frage:

Gott pflanzt nach der Erschaffung des Menschen das Paradies, den Garten Eden. Wem gehört der eigentlich, für wen ist der Garten da? Ist das ein Garten Gottes oder ein Garten des Menschen?

Lapide:

Das ist ein Garten Gottes, und er gehört ihm, und der Text läßt keinen Zweifel daran, daß Adam nur als Treuhänder eingesetzt wurde, um ihn zu bearbeiten, zu bebauen und zu betreuen, also kein Schlaraffenland, wo alles von selber wächst. Es bedarf der menschlichen Arbeit auch im Paradies. Aber Eigentümer ist und bleibt Gott allein.

Paradies besagt im heutigen Klartext sowohl Kritik als auch Hoffnung: So wäre unsere Welt ohne die Selbst-Entgegnung und Gott-Entfremdung des Menschen. Es ist ein Bild für das ungetrübte Verhältnis zwischen Gott und Mensch, eine Welt der möglichen Harmonie und Liebe. Als Kontrastbild zu unserer Welt besagt es: Gott will die Menschheit nicht so, wie sie leider geworden ist. Da es aber einst viel besser war, kann es wieder zur vollen Harmonie kommen – *wenn* wir es mit allen Fasern unseres Wesens erstreben.

Frage:

Wir alle erinnern uns an den Baum in der Mitte, um den es ja im zweiten Teil dieser Erzählung geht, beim Sündenfall. Wenige von uns machen sich bewußt, daß von zwei Bäumen die

Rede ist, einmal vom Baum der Erkenntnis des Guten und Bösen, und dann von einem Baum des Lebens. Sind wirklich zwei Bäume gemeint und gibt es bei den Rabbinen eine Interpretation dafür?

Lapide:
Es gibt zwei Schulen bei den Rabbinen – wie so oft. Die einen meinen, es ist von einem einzigen Baum die Rede, die anderen nehmen das Wörtlein „und" ernst, das zwischen den beiden Bäumen steht, und nehmen an, daß es um zwei Bäume geht, insbesondere da das Verbot, das an Adam ergeht, vom Baum des Lebens nichts sagt, nur etwas vom Baum der Erkenntnis. Also dürfen wir annehmen, es handelt sich hier gut symbolisch um zwei verschiedene Bäume.

Der Baum der Erkenntnis

Frage:
Gott verbietet den Menschen, oder er warnt sie, vom Baum der Erkenntnis zu essen. Will er die Menschen unaufgeklärt lassen, will er sie verantwortungsfrei halten, solange sie Gut und Böse nicht unterscheiden können?

Lapide:
Ich würde das anders sehen. Dem Verbot geht ein Gebot voran. Es heißt: „Iß doch von allen Bäumen des Gartens", und wir können uns vorstellen, daß es dort Hunderte von Bäumen gab . . .

Frage:
. . . also Auswahl genug . . .

Lapide:
. . . eine enorme Auswahl, die nicht nur lebensnotwendig war, sondern die an große Üppigkeit und Luxus grenzte. Das war der Garten Eden, das Paradies. Und nur einen einzigen Baum verbot er ihnen, also kein großes Opfer wird verlangt. Er hätte ohne diesen Baum auskommen können – Jahrtausende, er und seine Gattung und seine Enkels-Enkelskinder. „Du sollst von allen Bäumen essen" – und wir wissen bis heute nicht, ob er diesem Gebot gefolgt ist. Die Annahme ist: nein. Denn gut menschlich, wie wir alle sind, lockt ihn gerade das Verbotene, und das, was erlaubt ist, langweilt ihn.

Frage:
Also was besagt in diesem Zusammenhang die Erkenntnis von Gut und Böse?

Lapide:
Erkenntnis von Gut und Böse ist ein so vielschichtiger Ausdruck im Hebräischen, daß dicke Bände darüber geschrieben wurden, und mit Recht. Erkenntnis hat im Hebräischen etwas mit Sex und mit Liebe zu tun. Und „Adam erkannte Eva" heißt in der Tat, er ehelichte sie; und Erkenntnis ohne Liebe, sagt der Hebräer, ist kein richtiges Erkennen, denn nur, was du wirklich liebst, das kannst du im tiefsten Grund auch erkennen. Also kann diese Erkenntnis von Gut und Böse nicht eine

neue Sache sein, denn in der Ebenbildlichkeit Gottes muß doch eine solche Erkenntnis mindestens keimhaft eingestiftet sein. Also ganz neu ist sie nicht.

Wenn wir jedoch Gut und Böse, die beiden Vokabeln, unter die Lupe nehmen, so heißen sie auf hebräisch eigentlich: fördernd und schädlich. Gut ist das, was dem Menschen frommt, was ihm hilft, was ihn fördert. Schlecht ist das, was unnütz ist oder ihm schaden könnte. Es ist vorstellbar, daß dieser Baum verboten wurde als Prüfstein für Adams Gehorsam, als Prüfstein für seine Liebe zu Gott, das heißt, ob er folgt oder nicht. Wenn er nämlich nicht folgt, so wird dieser Baum in der Tat für ihn böse Folgen haben. Ißt er von dem Baum nicht, enthält er sich, findet er die Seelenkraft, nein zu sagen zu seinen inneren Trieben und zu der Köstlichkeit der Verlockung, dann wird der Baum für ihn ein guter Baum werden. Die Erkenntnis von Gut und Böse möge in den Folgen des Essens oder Nicht-Essens von den Früchten dieses Baumes liegen, der Baum als Prüfstein menschlicher Selbstdisziplinierung, wenn wir so wollen.

Frage:

Hat das Erkennen von Gut und Böse mit dem Tod zu tun, denn das Sterben ist ja angedroht – oder ist das etwas, was vom Baum des Lebens möglicherweise herübergeliehen ist zu diesem zweiten Baum?

Lapide:

Sie bringen zum Ausdruck, was eine dritte Schule von Rabbinen seit langem meint, daß nämlich das Gute hier das Leben ist, und die ganze Bibel ist ein Buch des Lebens und der Lebensförderung; das Böse oder das Schlechte ist der Tod. Wenn also das Leben als solches gut ist, so ist Sex dem Leben förderlich, denn er erzeugt Leben; Fortpflanzung ist die beste Waffe gegen den Tod. Dann aber ist das Böse der Tod schlechthin oder das Bewußtwerden der Sterblichkeit, die mit dem Essen der Früchte dieses Baumes kommt, und nur dann wächst in Adam das Verlangen nach dem Baum des Lebens, denn ewiges Leben wünscht sich ja nur einer, der sich seiner Sterblichkeit allzu bewußt ist.

Frage:
Geht es dann, wenn der Mensch selbständig wird, wenn er zu denken und zu werten anfängt, nicht auch um Leben und Tod?

Lapide:
Ganz sicher. Eine vierte Schule der Rabbinen sagt, daß hier die Freiheit des Menschen beginnt, die ihm von Gott verliehene Freiheit. Der freie Gott will freie Mitarbeiter, er will keine Marionetten oder Hampelmänner. Wie macht er dem Adam diese Freiheit bewußt? Durch das Verbot. Denn ein Verbot hat nur Sinn, wenn das Gegenteil auch eine Möglichkeit ist. Stehle nicht! ist ein Verbot, weil ich stehlen kann und Tausende auch in der Tat stehlen. Iß nicht von dem Baum! hat nur Sinn, wenn das Essen eine Möglichkeit ist. Dem Adam wird hier die fürchterliche Freiheit verliehen, die unsere Gattung der Zweifüßler vor allen anderen Geschöpfen unter der Sonne auszeichnet.

Mann und Frau

Frage:

Es ist interessant, daß nicht Adam etwa sich bei Gott über seine Einsamkeit beklagt, sondern Gott selbst sagt, daß es nicht gut sei, wenn der Mensch allein ist.

Lapide:

Die Kabbalisten der jüdischen Mystik sagen, Gott sagt das aus seiner eigenen Erfahrung. Gott schuf die Welt, um nicht allein zu sein. Er schuf den Menschen als ein Gegenüber, denn allein zu sein in diesem endlosen Kosmos der Sterne fand Gott der Herr nicht gut. Und als er nun den Menschen schuf als Einzelwesen, übertrug er seine eigene Erfahrung auf sein Ebenbild und sagte: Auch mein Ebenbild soll nicht allein sein, denn er ist zwar mein Ebenbild, aber ich bin nicht ganz die richtige Gesellschaft für ihn, er muß seinesgleichen haben. Daher folgert Gott von sich auf Adam und er folgert, wie wir alle wissen, richtig.

Frage:

Sehr schön! Die Frau, das Weib, was besagt das im Hebräischen? Wieso kann Luther in seiner Übersetzung auf das Wort „Männin" kommen – also der „weibliche Mann" sozusagen?

Lapide:

Weil Luther 12 Hebräisch-Lektionen hatte. Leider Gottes hat er nicht weitergelernt, aber das ist gar nicht schlecht, das genügte für „Isch" und „Ischa", Mann und Frau, wie sie auf Hebräisch heißen, wobei der Unterschied zwischen ihnen nur ein Buchstabe ist, das End-A, eben diese Ähnlichkeit, diese frappante Affinität . . .

Frage:
Ein Wortspiel also und mehr als ein Wortspiel!

Lapide:
Es ist ein profundes Wortspiel, es will die Zusammengehörigkeit und den kleinen Unterschied, wie die Franzosen sagen, deutlich machen. Der kleine Unterschied ist der Endbuchstabe „a". Und das versucht Luther übergetreu im Deutschen nachzuahmen, indem er sie Mann und Männin nennt, auf daß das hebräische Wortspiel nicht ganz verlorengehe.

Frage:
Heißt „Isch" und „Ischa" Mann und Frau, oder heißt es Mensch und Menschin?

Lapide:
Eine gute Frage. Nein, es heißt Mann und Frau, die im Grunde zusammen die Gattung Mensch ausmachen, so daß es in biblischen Texten oft schwer ist zu wissen, wann Adam allein gemeint ist, weil Adam hie und da für die Gattung auftritt, und dann sind beide mitgemeint, oder aber Adam ist als Mann allein gemeint. Zum Beispiel: Das Verbot des Essens erging an Adam allein. Wieso weiß ich das? Weil die Eva noch nicht geschaffen war. Also ist er allein der Empfänger des Verbotes, eine Sache, die wichtig ist, wenn wir zum Sündenfall kommen.

Herr Lapide, ist es für Eva ein Nachteil, daß sie als zweite aus dem Mann geschaffen wird?

Lapide:

So sagen fast alle Kirchenväter und so sagt es Paulus im Neuen Testament ein halbes Dutzend Mal. Einige Rabbinen sind gegenteiliger Meinung. Sie sagen, wenn die Schöpfung einen Aufwärtsrhythmus zeigt, vom Regenwurm über die Säugetiere bis hin zum Menschen, so ist Eva als das letzte Stück im Grunde die Krönung dieser Schöpfung.

Die Namen der Tiere

Frage:

Alle Tiere, die vor ihr geschaffen worden waren, sind im Paradies an Adam vorbeidefiliert, der ihnen die Namen geben sollte – was bedeutet dieser Auftrag, die Tiere zu benennen, aus der Sicht Gottes?

Lapide:

Er bedeutet vor allem, daß Namensgebung eines der Hauptkennzeichen der Menschlichkeit beinhaltet, nämlich die Sprache. Die Sprache ist für den Hebräer und den Bibelmenschen viel mehr als für uns. Sie ist Ausdruck seiner Kommunikationsmöglichkeit, daß er kein Einzelwesen ist; er kann sich mitteilen, er kann Freude, Leid, Jubel und Tränen teilen. Er wird Mensch durch die Sprache, und nur, was er durch diese

Sprache ausdrücken kann, das gibt es für ihn. Was er nicht versprachlichen kann, existiert nicht. Das gilt für uns alle auch. Daher unser Stottern über Gott, weil wir so wenig von ihm wissen, daß wir es nicht richtig versprachlichen können.

Frage:
Namen geben ist ja doch etwas mehr als sprechen . . .

Lapide:
Wenn Adam den Tieren Namen gibt, so bedeutet das für den Hebräer, daß er ihre Wesenhaftigkeit bezeichnet, zum Ausdruck bringt, was sie tun sollen, was ihr Platz ist in dieser Riesenschöpfung; mit anderen Worten, er schafft ein Verhältnis, er, Adam, schafft nun ein Verhältnis zwischen diesem Tier, diesem Wurm, diesem Vogel und sich selbst. Indem er sie benennt, begreift er sie, sie werden für ihn Teil der erfaßbaren Umwelt.

Interessant ist es zu beobachten, wie der Midrasch die Namensgebung der Tiere mit Akzenten versieht, die dem oberflächlichen Bibelleser entgehen.

„Und Gott brachte sie zu Adam, um zu sehen, wie er sie benennen würde" (Gen 2,19). Dahinter steckt die uralte Geschichte, daß Gott eine Art von Wettkampf um die Weisheit zwischen Engeln und Menschen veranstaltet habe. Zuerst brachte er die Tiere vor die Engel und fragte diese, ob sie in der Lage wären, ihnen Namen zu geben. Aber die Engel wußten nichts zu sagen. Danach wurde der Satan aufgefordert, sich in der Namensgebung zu versuchen, doch er wußte nichts Gescheites zu erwidern. Dann erst, so wird erzählt, habe Gott dem

Menschen „die Ordnungen des Herzens" eingegeben und ihm „Weisheit und Sprache" verliehen, so daß er die Namen nennen könne. Wobei „Namen" in der Bibel nicht nur Wesenserkenntnis, sondern auch Zielsetzung des Benannten bedeutet. So erhielt Adam die Gabe, Laute zu bilden, Worte zu formen, Begriffe zu ersinnen und Namen zu nennen, um seinen Gefühlen und Erfahrungen hörbaren Ausdruck zu verleihen. Gott schenkte ihm das Vermögen, sich mitzuteilen, anderen zuzuhören, sie zu verstehen, um sich selbst zu begreifen. Diese Fähigkeit, die ihn zum offenen, entwicklungsfähigen Geschöpf machte, zeichnet den Menschen sowohl vor den Engeln als auch vor dem Satan aus – als das einzig kreative Wesen der Schöpfung.

Frage:
Kann man das sagen, daß der Mensch das einzige kreative Wesen der Schöpfung ist?

Lapide:
Die Engel können nur ja sagen vor Gott und ihm ihr Lob darbringen. Der Satan ist durch seinen Abfall von Gott auf das ablehnende Neinsagen beschränkt. Beiden aber fehlt die Fähigkeit zum Ja *und* Nein. Erst im Menschen kommen beide Kräfte zur Vereinigung, die ihn zum freien, bündnisfähigen Partner Gottes erheben.
Das heißt: Gott will den Menschen weder als braven Ja-Sager noch als sturen Nein-Sager, sondern als verantwortlichen Entwicklungshelfer mit Mitbestimmungsrecht am Werk der Welt. Indem er den Tieren und später auch seiner Frau Namen

gibt, weist er ihnen und sich selbst einen Weg und einen Sinn. Der biblische Humor beginnt eben beim Vorbeizug der Tiere, denen Adam einen Namen geben soll. Zwischen den Zeilen aber schwingt hier eine Einladung für ihn mit, sich unter ihnen eine Gefährtin zu suchen, denn gleich darauf heißt es mit hörbarem Bedauern: „Aber für Adam war keine Gehilfin (unter ihnen) zu finden, die um ihn sei" (Gen 2,2f). Erst nach dieser lakonischen Feststellung kommt es zur Erschaffung der Eva.

Frage:
Und mit seiner Tätigkeit als Ackermann im Paradies und dieser ordnenden Sorge für die Tiere erfüllt er den Auftrag, nicht untertan zu machen, sondern die Welt mit Verantwortung in Besitz zu nehmen.

Lapide:
Ganz richtig. Im Namen Gottes, dem diese Welt noch immer gehört.

Gen 3: Die Schlange war schlauer als alle Tiere des Feldes, die Gott, der Herr, gemacht hatte. Sie sagte zu der Frau: „Hat Gott wirklich gesagt: Ihr dürft von keinem Baum des Gartens essen?" Die Frau entgegnete der Schlange: „Von den Früchten der Bäume im Garten dürfen wir essen, nur von den Früchten des Baumes, der in der Mitte des Gartens steht, hat Gott gesagt: Davon dürft ihr nicht essen und daran dürft ihr nicht rühren, sonst werdet ihr sterben!" Darauf sagte die Schlange zur Frau: „Nein, ihr werdet nicht sterben. Gott weiß vielmehr, sobald ihr davon eßt, gehen euch die Augen auf, ihr werdet wie Gott und erkennt Gut und Böse!" Da sah die Frau, daß es köstlich wäre, von dem Baum zu essen, daß der Baum eine Augenweide war und dazu verlockte, klug zu werden. Sie nahm von seinen Früchten und aß. Sie gab auch ihrem Mann, der bei ihr war, und auch er aß.

Da gingen beiden die Augen auf und sie erkannten, daß sie nackt waren. Sie hefteten Feigenblätter zusammen und machten sich einen Schurz. Als sie Gott, den Herrn, im Garten gegen den Tagwind einherschreiten hörten, versteckten sich Adam und seine Frau vor Gott, dem Herrn, unter den Bäumen des Gartens. Gott, der Herr, rief Adam zu und sprach: „Wo bist du?" Er antwortete: „Ich habe dich im Garten kommen hören, da geriet ich in Furcht, weil ich nackt bin, und versteckte mich." Darauf fragte er: „Wer hat dir gesagt, daß du nackt bist? Hast du von dem Baum gegessen, von dem zu essen ich dir verboten habe?" Adam antwortete: „Die Frau, die du mir beigesellt hast, sie hat mir von dem Baum gegeben, und so habe ich gegessen." Gott, der Herr, sprach zu der Frau: „Was hast du da getan?" Die Frau antwortete: „Die Schlange hat mich verführt, und so habe ich gegessen."

Da sprach Gott, der Herr, zur Schlange: „Weil du das getan hast, bist du verflucht unter allem Vieh und allen Tieren des Feldes. Auf dem Bauch sollst du kriechen und Staub fressen alle Tage deines Lebens. Feindschaft setze ich zwischen dich und die Frau, zwischen deinem Nachwuchs und ihrem Nachwuchs, er trifft dich am Kopf und du triffst ihn an der Ferse!"

Zur Frau sprach er: „Viel Mühsal bereite ich dir, so oft du schwanger wirst. Unter Schmerzen gebierst du Kinder; du hast Verlangen nach deinem Mann, er aber wird über dich herrschen!"

Zu Adam sprach er: „Weil du auf deine Frau gehört und von dem Baum gegessen hast, von dem zu essen ich dir verboten hatte, so ist verflucht der Ackerboden deinetwegen. Unter Mühsal wirst du von ihm essen alle Tage deines Lebens. Dornen und Disteln läßt er dir wachsen, und die Pflanzen des Feldes mußt du essen. Im Schweiße deines Angesichts sollst du dein Brot essen, bis du zurückkehrst zum Ackerboden. Von ihm bist du ja genommen, denn Staub bist du, zum Staub mußt du zurück!"

Adam nannte seine Frau Eva, denn sie wurde die Mutter aller Lebendigen. Gott, der Herr, machte Adam und seiner Frau Röcke aus Fellen und bekleidete sie damit. Dann sprach Gott, der Herr: „Seht, der Mensch ist geworden wie wir, er erkennt Gut und Böse, daß er jetzt nicht die Hand ausstreckt, auch vom Baum des Lebens nimmt, davon ißt und ewig lebt."

Gott, der Herr, schickte ihn aus dem Garten von Eden weg, damit er den Ackerboden bestellte, von dem er genommen war. Er vertrieb den Menschen und stellte östlich des Gartens von Eden die Cherubim auf und das lodernde Flammenschwert, damit sie den Weg zum Baum des Lebens bewachten.

Das Tier in uns

Herr Lapide, nun haben wir die Geschichte komplett, die Geschichte, die im zweiten Teil durch die Schlange geprägt ist und durch das, was die Menschen tun. Die Schlange wird nicht eingeführt, sie taucht auf und sie wird gewertet als listig. Wer ist mit ihr gemeint?

Lapide:

Das Tier in uns. So einfach! Aber da der Bibelmensch zu seinen Zeiten ein äußerliches Symbol brauchte, wählte man das Tier, das sich häutet, das kriecht, das listig seine Beute anfällt, mit einem Wort: den Inbegriff der Hinterlist. Wie auch Jesus sagt: Seid klug und listig wie die Schlangen! (Mt 10,16)

Frage:

Weiß man, warum die Schlange zur Frau spricht und nicht zum Mann, und warum schaltet der Adam sich überhaupt nicht in dieses Gespräch ein?

Lapide:

Die Schlange wird als das schlaueste unter allen Tieren geschildert, was wohl sagen will, daß sie sehr wohl wußte, sie habe bei der Frau mehr Aussicht auf Erfolg. Sie spürte offensichtlich, daß Eva mehr Phantasie hatte, lebendigere Vorstellungskraft, und daß sie auch tatkräftiger sei in der Durchsetzung ihrer Beschlüsse.

Die Kritik meiner Vorväter ist dennoch hart. Sie fragen wie

Sie und antworten, daß die Frau intelligenter ist, intuitiver, gesprächslustiger und, was noch wichtiger ist, neugieriger. Der Adam scheint ziemlich verschlossen zu sein und, um es kurz zu sagen, nicht besonders intelligent. Daß Eva ihm als „Hilfe" beigesellt wurde, bedeutet ja, daß er von Anfang an hilfsbedürftig war.

Frage:
Und weil er nicht zureichend intelligent ist, hängt er sich nicht rein; oder zögert er, hat er Angst?

Lapide:
Der Adam spielt hier eine sehr passive, jämmerliche Rolle, wie wir gleich sehen werden. Eva spielt die erste Theologin. Sie wird angesprochen, sie beweist, was wir längst wissen, die Verführbarkeit des Menschen beider Geschlechter, aber sie debattiert, ein Zwiegespräch entspinnt sich zwischen Schlange und Eva. Die Schlange beginnt wie alle Verführer unter der Sonne mit Halbwahrheiten: Ist es wahr, daß Gott euch alle Bäume verboten hat? Und sie fordert Evas Antwort heraus: Nein, nicht alle, nur den einen Baum. Und jetzt begeht Eva ihren fatalen Fehler: Gott hat uns verboten, sagt sie – und jetzt ist die Frage, woher weiß sie denn das? Die Antwort ist: nur von Adam. Denn das Verbot ist ja nur an ihn ergangen, bevor sie noch geformt war. Also muß sie es von ihm haben. Entweder hat Adam sie belogen oder sie übertreibt. Denn sie sagt nun zur Schlange: Gott hat uns verboten, von der Frucht dieses Baumes der Erkenntnis zu essen oder auch ihn anzurühren. Vom Anrühren war aber nicht die Rede, und so konnte die

Schlange nun die Frucht anrühren und zu Eva sagen: Schau her, ich rühr sie an und mir passiert gar nichts. Und von da an war es für die Schlange ein leichtes, die Eva auch zum Essen zu verführen.

Frage:
Warum meinen Sie, Eva sei Adam überlegen gewesen?

Lapide:
Wir müssen uns das quicklebendig vergegenwärtigen: Eva versteht das Schlangenwort als eine Verheißung, mehr zu erkennen, mehr zu haben, mehr zu sein und noch intensiver leben zu können. Sie mag sich darüber sogar mit der Schlange unterhalten haben, die ihr das Gott-gleich-Sein in den verlockendsten Farben auszumalen wußte. All dies bespricht sie aber nicht mit ihrem Mann, noch bittet sie um seinen Rat. Die Schlange allein ist ihr Gesprächspartner, aber ihre Entscheidung fällt sie dann zuletzt ganz unabhängig.
Unsere Weisen sagen, wenn sie weniger geschwätzig gewesen wäre, so wären wir vielleicht alle noch im Paradies.

Frage:
Was passiert, da die verbotene Frucht gegessen wird? Zweimal kommt das Wort von der Nacktheit auf. Einmal, daß sie sich nicht geschämt haben, nackt zu sein, und dann, daß sie nach dem Genuß der Frucht ihre Nacktheit erkannt haben. Ist das ein früh-alttestamentlicher Manichäismus?

Lapide:

Nein, sondern die Wasserscheide zwischen den beiden Nackt-
heiten ist die Sünde, die Sünde als eine Entfremdung von
Gott. Solange sie mit Gott eins waren, einer Meinung, eines
Willens, harmonisch mit ihm lebten, war Nacktheit keine Be-
sonderheit, es war der Status ihrer Beschaffenheit. Sobald aber
die Entfremdung von Gott beginnt, die Sünde also zwischen
Gott und sie tritt, kommen Angst und Scham als Resultat.
Gottes Verbot, das heute noch gilt, besagt: Du darfst nicht
alles tun, was du kannst, auch wenn es dich verlockt. An diesem Baum als Prüfstein seiner Selbstbeschränkung hat Adam
versagt. Das ist seine Sünde, die ihm nun als Nacktheit bewußt
wird.

Frage:

Sie werden sich selbst fremd an ihrer Nacktheit?

Lapide:

Ganz richtig. Und untereinander auch, wie wir bald sehen werden.

Frage:

Die Frucht des Baumes — woher kommt in der abendländischen Kunst die Vorstellung vom Apfel?

Lapide:

Vom Apfel ist keine Rede, und der Apfel ist die unwahrschein-
lichste Frucht, die in Frage kommt, denn der Apfel wurde im
Nahen Osten erst im 20. Jahrhundert aus Europa importiert

und ist unter allen Baumfrüchten, die hier in Frage kommen, wohl die unmöglichste. Es handelte sich vielleicht um Feigen, Nüsse, Oliven oder Johannisbrot, alles mögliche. Aber der Apfel der abendländischen Kunst kommt aus einer Fehlübersetzung der lateinischen Vulgata, der Bibelübersetzung, denn die Schlange sagt auf Latein zu Eva: Ihr werdet sein wie Gott, scientes bonum et malum, wissend das Gute und das Böse . . .

Frage:
. . . das „malum“ . . .

Lapide:
„Malum“ heißt „Apfel“ oder „böse“. Und dieser „böse“ Apfel wurde vier Zeilen zurückprojiziert in die Hände der Eva. So kommt die arme Eva zu einem Apfel, den sie nie gekannt hat.

Adam, der Mit-Esser

Frage:
Aber worum ging es denn nun wirklich? Es kann ja weder um einen Apfel noch um eine harmlose Baumfrucht gegangen sein!

Lapide:
Nein, es geht einzig und allein um die Übertretung des göttlichen Verbotes oder um den Gebrauch der von Gott gegebenen Freiheit. Beide Deutungen sind legitim. Das ärgste bei

dem Geschäft ist jedoch die Rolle des Adam, wo man, als Mann und Adamssohn, nur vor Scham erröten kann.

Frage:
Bei seiner Entschuldigung meinen Sie?

Lapide:
Nein, noch vorher. Während die Eva gut theologisch debattiert und von der Schlange überlistet wird und dann in der Tat, nachdem sie das Pro und das Contra abgewogen hat, in den Apfel hineinbeißt, heißt es in einem absurd lakonischen Satz: „Sie gab auch ihrem Mann, der bei ihr war, und auch er aß." Unser Urvater, der Einfaltspinsel, spricht also gar nicht; er denkt nicht nach, er überlegt nicht, er scheint auch keinen inneren Kampf auszufechten – und von Erwägungen seinerseits ist überhaupt keine Rede. Weder an der Debatte mit der Schlange nimmt er teil, noch erwägt er die Möglichkeiten und Optionen, die ihm nun offenstehen. Er erweist sich durchaus als passiver Mitläufer, der gar nicht verführt zu werden braucht, denn die Bibel schildert ihn als wortlosen, untätigen Mit-Esser, der seiner Frau fraglos und blindlings folgt.

Frage:
Beißt mit hinein.

Lapide:
Beißt mit hinein. D.h. die Schuld des Adam, nach jüdischer Deutung, ist viel größer. Bei den Kirchenvätern ist es umgekehrt. Da ist die Eva das Einfallstor der Sünde, sie, die ihn ver-

91

führt hat. Sie wird zum „Werkzeug des Mannes" (1 Petr 3,7) degradiert, die nur „durch Kinderkriegen" selig werden kann (1 Tim 2,15). Und da sie bei Augustinus als „Satansgehilfin" galt, wurde schon im vierten Jahrhundert auf einem Konzil ernstlich die Frage debattiert, ob die Frau überhaupt eine Seele habe. Kein Wunder also, daß Thomas von Aquin die Frau für einen „mit Mängel behafteten Mann" hielt, die „als zweite in der Schöpfung, aber als erste in der Sünde" angeprangert wurde. Kurzum, Eva und all ihre Töchter (nicht ungleich dem Judas und allen Juden) wurden zum Ausbund der Sündhaftigkeit, der Fleischlichkeit und der Minderwertigkeit entwürdigt. Die Rabbinen wollen das nicht wahrhaben und sagen: Eva mag mitschuldig sein, hauptschuldig aber ist Adam, an den das Verbot erging.

Mehr noch! Zuerst erging ja an ihn das Gebot: „Von allen Bäumen des Gartens sollst du essen!" Was ihm eine üppige Fülle von verschiedenen leckeren Früchten zur Verfügung stellte. Hat er davon Gebrauch gemacht? Unser Text schweigt sich darüber aus, offensichtlich um ihn nicht noch mehr zu blamieren. Anzunehmen aber ist, daß er nicht „von allen Bäumen" aß, sondern Gottes Güte in den Wind schlug, nur um sich ausgerechnet auf die verbotene Frucht zu konzentrieren. Wie typisch menschlich unlogisch ist das doch! Das Gebot mißachtet er, und das Verbot läßt ihn kalt.

Frage:
Er hätte einschreiten müssen.

Lapide:

Ohne Zweifel, er hätte es verbieten sollen, seiner Frau oder doch vor allem sich selbst.

Frage:

Gott ergeht sich im Garten, die Menschen verstecken sich, so geht es weiter. Warum fragt der allwissende Gott: „Adam, wo bist du?"

Lapide:

Das ist keine Frage. Das ist die innere Stimme des Gewissens, die jetzt den Adam zu plagen beginnt, denn der Mann weiß sehr wohl, daß er gesündigt hat, daß er etwas getan hat, was er nicht hätte tun sollen. Und die Frage: „Wo bist du?" ist nicht Frage, sondern Anklage. Wo bist du in dieser Welt, wo ist dein Platz auf dieser Erde, hast du vergessen, daß du ein Stück Schöpfung bist und nicht Gott selbst? Wolltest du Gott werden, wie die Schlange in dir dir einreden konnte? Wo bist du? ist eher eine rhetorische Gewissensfrage nach seiner Ortung innerhalb der enormen Schöpfung, und eine mahnende Erinnerung daran, daß er nur ein ganz kleines Teilchen davon ist.

Frage:

Und was bedeutet es, daß Adam in der darauffolgenden Szene eigentlich so miserabel schlecht abschneidet? Sie haben es schon angedeutet: „. . . Das Weib, das du mir gegeben hast." Du hast sie mir gegeben, und jetzt bin ich drauf hereingefallen.

Der Spiegel vor unserem Gesicht

Lapide:
Wird uns nicht hier allen der Spiegel vors Gesicht gehalten?
Wir suchen doch immer Sündenböcke oder Prügelknaben, wir
verdrängen die eigene Schuld und laden sie anderen auf.
Adam ist leider in krassester Weise unser Vorbild. Er sucht und
findet gleich zwei Sündenböcke: die *Frau,* die *du* mir gegeben
hast. Also nicht nur Eva, sondern auch Gott selber ist an dem
allen schuld! Er will andeuten: Ich hab' sie ja gar nicht verlangt, du hast sie mir ja aufgezwungen, dieses Weibsbild! Und
außerdem, sie hat mich doch verführt. Also bin ich zweimal
unschuldig! Auf gut Deutsch aber bedeutet das: Er ist zweimal
ein Feigling und ein Drückeberger. Und die Rabbinen schä-
men sich nicht, daraus zu folgern, daß hier die Hauptsünde
Adams liegt. Nicht so sehr im Essen als in der Schuldverdrän-
gung und in der krampfhaften Suche nach fadenscheinigen
Ausreden und Sündenböcken.

Frage:
Die du mir gegeben hast — ist das nicht auch so etwas wie die
ewige Entschuldigung der Männer für eigene Schwäche, für
eigene Schuld und ein Vorschub für die sogenannten Verfüh-
rungskünste, die man den Frauen nachsagt? Die armen, armen
Männer . . .

Lapide:
Aber sicher, ganz sicher. Wir stecken doch alle drin in diesem
Adam, wir sind doch nicht nur Leser, wir sind mitbeteiligt

94

von Wort zu Wort, auf jeder Zeile klingen wir selber mit. Und daher haben wir nicht zu urteilen, sondern eher zu erröten und zu sagen, ja in der Tat, so sind wir alle.

Frage:
Es geht ja in dieser Geschichte nicht nur um die Frage, wie der Mensch geworden ist, wie er sich mit Gott auseinandergesetzt hat, wie das Böse in die Welt gekommen ist, sondern eben auch um einen Spiegel für uns. Aber man mag dem Adam Barmherzigkeit erweisen und sagen, du bist halt nun mal nicht besser, als du bist, aber unbefriedigend bleibt es doch für viele Frauen, daß sie gewissermaßen die Ursache des Übels geblieben sind.

Lapide:
Ich bin überzeugt, daß Eva, wenn ich das als Jurist lesen würde, zwar Komplizin genannt werden kann, aber keineswegs die Hauptschuldige. Denn wenn das Verbot an Adam erging und er der Herr der Schöpfung sein soll, wie es etliche Male in beiden Testamenten betont wird, so war es seine Pflicht, der Eva das Essen zu wehren, aber doppelt seine Pflicht, nicht mitzuessen. Beide Pflichten hat er versäumt. Wenn hier also Schuldanteile verteilt werden sollten, so ist Adam ohne Zweifel der größere Sünder.

Frage:
Es ist nur in der Geschichte des Verständnisses von Mann und Frau ewig so geblieben, und wenn es auch nur schmunzelnd gesagt wurde, von der Eva kam der ganze Trouble her, nicht?

Lapide:

Ja, aber das ist doch falscher Männerstolz, und es ist höchste Zeit, dies zu korrigieren. In einem Tiroler Sprichwort, das ich unlängst gelesen habe, steht das, was viele Leute denken: „Die Eva, das Früchterl, gab Adam die Frucht, das Rindvieh hat's gefressn, drum san mir verflucht!" Das akzeptiere ich nicht. Obwohl es sich reimt. Das ist die Volksmeinung, aber wo steht geschrieben, daß die Volksmeinung recht haben muß? Natürlich hat die Eva begonnen. Die Frau ist intuitiv – das sagen wir bis heute, und die Psychologie bestätigt das. Sie darf mit der Schlange reden, sie darf vielleicht sogar reinfallen, aber wo ist da der Mann mit seiner überheblichen Männlichkeit, wenn er dem nicht Einhalt zu gebieten weiß?!

Frage:

Wozu hat sie ihn dann, ja, wozu hat sie ihn, wenn er sich schon schlauer dünkt?

Lapide:

Richtig!

Fluch und Strafe

Frage:

Lassen Sie uns einen Schritt weitergehen. Wenn die ganze Erzählung von Adam und Eva, vom Paradies, vom Sündenfall Umschreibung für sündhaftes Verhalten, für Mißbrauch von Freiheit ist, wie Sie gesagt haben, dann würde die Vertreibung aus dem Paradies ja eigentlich genügen, zusammen mit der Prophezeiung von Schmerzen, von Schweiß, in dem man sein Brot essen muß. Aber was bedeutet die Verfluchung der Schlange, diese merkwürdige Aussage von der Feindschaft zwischen ihren Nachkommen und des Weibes Nachkommen?

Lapide:
Ich glaube, daß hier eine zoologische oder anthropologische Tatsache durch eine symbolische Tiefendimension bereichert wird. Der antike Mensch merkte, daß Frauen eine instinktive Angst vor Kriechtieren, Schlangen und Reptilien haben. Dieser Tatsache wurde eine moralische Dimension angehängt. Und die arme Schlange, die in der Tat völlig unschuldig ist, sie ist als Symboltier in dieser Geschichte – als Stellvertreterin für die Verlockung. Diese Feindschaft wird dann als eine Art von Strafe zurückprojiziert in den Garten Eden. Damit haben alle Teilhaber an diesem Sündenfall, von der Schlange über den Ackerboden, den Mann und die Frau, ihre gottgegebene Strafe erhalten. Verflucht werden aber nur zwei, die Schlange und der Ackerboden, gestraft werden fünf.

Frage:
Wer?

Lapide:
Der Mann, die Frau, der Ackerboden, die Schlange und letzten Endes die Dornen und Disteln, die den Ackerboden unfruchtbar oder schwer urbar machen sollen.

Frage:

Das heißt auch die Kreatur, auch die Pflanzen sind mitbetroffen von dieser Schuld. Sagt das auch etwas darüber aus, daß die ganze Schöpfung eigentlich einen Knacks bekommen hat durch den Fehler, durch die Schuld des Menschen?

Lapide:

Das ist hier unüberhörbar ausgesagt. Einen Knacks, aber kein unheilbares Übel, das nicht wieder gutgemacht werden kann, sonst würde die Kirche ja nicht Adam und Eva zu den Schutzheiligen von Weihnachten machen. Es ist korrigierbar.

Frage:

Erst jetzt, wo es so um sie steht, nennt Adam seine Frau Eva. Hat er sie erst jetzt als Geschlechtspartnerin und künftige Mutter erkannt, als Mutter der Lebendigen?

Lapide:

Nicht ganz, denn soweit wir wissen, hat Sex bereits im Paradies seinen Platz, denn schon vor dem Sündenfall heißt der vorletzte Satz: Und Mann und Frau werden ein Fleisch werden. Was entweder auf ihre Einswerdung im Geschlechtsakt oder ihr Hervorbringen eines Kindes, das in der Tat ein Fleisch ist, hindeuten kann. Beide Deutungen sind möglich aus dem Text.

Frage:

Wenn es heißt: „Eva, denn du bist Mutter der Lebendigen", hat das sprachlich einen Hintergrund?

Lapide:

Die drei Buchstaben – Chawwa –, die der Name Eva auf Hebräisch hat, haben nicht weniger als drei Bedeutungen.

Frage:

Welche sind das?

Lapide:

Chawwa, so heißen auch viele Mädchen im heutigen Israel. Sie heißt die Mutter alles Lebenden, was eindeutig als Würdename gemeint ist, denn sie brachte ja nicht den Tod in die Welt, sondern ganz im Gegenteil, die einzige Waffe, die wir gegen den Tod haben, nämlich die Fortpflanzung, in der der göttliche Segen der Fruchtbarkeit weiterwirkt. Sie heißt die Sprecherin – und hier schwingt ein leiser Vorwurf vielleicht mit, daß sie mit der Schlange zu viel gesprochen hat oder daß ihr Mann sie zu seinem Sprachrohr gemacht hat – und drittens: die Sinngeberin, das was wir heute so schön mit weiblicher Intuition definieren wollen. Also jemand, der in vielen Dingen den tieferen Sinn erspürt, wo Adam gar nicht mitkommt. Also drei Eigenschaften sind hier in Chawwa gegeben, die früher nur Ischa hieß, also Frau. In dieser Namensgebung schwingt schon eine tiefere Erkenntnis des Wesens der Frau mit, die scheinbar auch aus dem Sündenfall entsprossen ist.

Der Mensch, das Risiko Gottes

Frage:

Gott sagt gegen Ende dieses Kapitels, der Mensch ist jetzt einer von uns geworden. Hat die Schuld Gottebenbildlichkeit erst bewirkt?

Lapide:

Ich glaube nicht. Wir haben drei Stufen: Die erste Stufe ist, daß Gott den Menschen in seinem Ebenbilde schuf, d.h. er hat eine entfernte Ähnlichkeit mit Gott, die eher ein Auftrag ist als eine aktuelle Wirklichkeit. Dann ist der berühmte Satz der Schlange zweideutig und soll es scheinbar sein: „Ihr werdet sein wie Gott" kann heißen, ihr werdet Gott ähnlich sein – und das sind wir und sollen wir immer mehr werden, denn im 3. Buch Moses heißt es: Seid heilig, denn ich, euer Herr, bin heilig. Werdet also Gott ähnlicher, soweit ihr könnt!

Das Wort der Schlange könnte aber auch bedeuten: Gott gleich werden, und das ist natürlich die Sünde aller Sünden. Denn das heißt im Grunde, Gott zu verdrängen und sich an seine Stelle zu setzen, wie der König von Phönizien oder Adolf Hitler, der diesen Gott den „dummen asiatischen Wüstengott" nannte, mit seinem lächerlichen „Du sollst" und seinem absurden „Du sollst nicht". Also: Gott gleich werden wollen wäre die Mutter aller Sünden.

Gott ähnlich werden ist hingegen der hauptsächliche Auftrag der hebräischen Bibel. Wir wurden angesetzt, Setzlinge, mit Keimen Gottes in uns allen. Wir sollen durch unser Leben Gott immer ähnlicher werden. Daß wir nicht Gott gleich werden können, ist selbstverständlich.

Frage:

Steckt da nicht etwas von dem Augustinischen Wort mit drin: Etiam peccata, selbst durch die Schuld kannst du zu Gott hinfinden?

Lapide:

Ohne Zweifel. Es gibt eine mystische Deutung, die da sagt, der Sündenfall sei der Beginn der wahrhaften Menschwerdung. Wären wir alle im Paradies geblieben, hätte Adam sich geweigert, von der Frucht des Baumes zu essen, wie es ihm aufgetragen wurde, so wären wir unserer Sendung als Menschlinge, den tausend Herausforderungen des Menschenschicksals in dieser unheilen Welt, niemals gerecht geworden. Nur durch die Wegschickung aus dem Paradies, das keine Herausforderungen stellte, sondern wo alles mit normaler Menschenarbeit gedieh und Früchte brachte, wären wir nicht die Menschen, die wir heute sind, mit all dem Guten und dem Bösen, das uns heute innewohnt. Also ist die Wegschickung aus dem Paradies der Anfang einer Entwicklung, die die lateinischen Kirchenväter „felix culpa" (glückliche Schuld) nennen.

Frage:

Ich werde darauf gleich noch zurückkommen, weil sie uns mit einem anderen Fest in Verbindung bringt.

Herr Lapide, wir sind jetzt mit allen Fragen ganz nah am Text geblieben, wir haben eigentlich jedes Wort des Textes herangezogen, hinterfragt, befragt nach Zusammenhängen. Eine Ihrer griffigsten Thesen heißt, man soll die Bibel nicht wörtlich nehmen, sondern ernst nehmen. Können Sie als gläubiger Jude, kann ich als Christ mit diesem Gott zufrieden sein, der den Menschen mit solchen Schwächen ausstattet, daß die Schuld geradezu programmiert, vorhersehbar ist?

Lapide:

Ich würde sagen ja. Denn Gott hat uns zwei Triebe eingestiftet, den Trieb, das Gute zu wollen, dem Edlen nachzustreben, das Schöne zu verwirklichen. Er hat uns aber auch die Freiheit verliehen, animalisch zu streben, tierisch zu handeln und zu begehren wie die Vierfüßler. An uns liegt es, das eine oder das andere zu wählen. Gott hat uns geschaffen als Bindeglied zwischen oben und unten – ein Bündel von Selbstwidersprüchen, mit dem Auftrag, Gott Folge zu leisten. Aber, die Möglichkeit teuflischer zu werden, viehischer und unseren Mitgeschöpfen, den Tieren, ähnlicher zu werden, die bleibt uns offen.

Frage:

Das hat Gott in Kauf genommen?

Lapide:

In Kauf genommen und uns mitgegeben, denn wir sind und bleiben ein ewiges Risiko Gottes.

Frage:

Und die Möglichkeit der Schuld ist der Preis, den wir selbst für die Freiheit bezahlen?

Lapide:

Ohne Zweifel.

Noch einmal, Herr Lapide: die Bibel ernst nehmen. Alles das, was wir jetzt besprochen haben, der vorliegende Text, was ist er nicht und wenn er dieses und jenes nicht ist, was ist er dann?

Lapide:

Dieser Text ist vor allem kein Märchen für kleine Kinder. Er ist keine historische Berichterstattung, keine wissenschaftliche Abhandlung. Er ist nicht einmal „die Memoiren Gottes", wie Heinrich Heine die Bibel einst nannte. Er ist die zeitlose Schilderung unser aller Anfänge auf Erden, so klar, so wuchtig und nüchtern erzählt, daß dieser Text seit Jahrtausenden die Einfalt und das Genie, das Kind und den Greis bewegend anspricht. Vor 3000 Jahren, zu Jesu Lebzeiten, und morgen auch. Was er sagt, ist Trost einerseits, eine Mahnung ohne erhobenen Zeigefinger, ein Zuspruch, daß wir nicht alleine sind in dieser Welt, daß Gott uns trotz all unserer Sündhaftigkeit, trotz aller Schwächen des Fleisches, trotz all unserer Neigungen zur Verführbarkeit dennoch weiter segnet, weiter hilft und weiter begleitet. Ein Zuspruch, der, solange es Menschen geben wird, nie vergilben oder verwesen kann.

Adam und Eva – Weihnachten und Ostern

Frage:

Wir kommen so langsam zum Ende unseres Gesprächs, Herr Lapide. Ich möchte noch auf ein Fest hinweisen: In der Osternacht fällt der theologisch, wie ich sagen würde, geradezu waghalsige Begriff, die Wortkombination von der glücklichen Schuld. Im Lobpreis zu Ostern wird von der „felix culpa" gesprochen, der glückbringenden Schuld des Adam und der Eva, die uns den Erlöser beschert hat, im christlichen Verständnis. Vielleicht steckt dieser Gedanke auch hinter dieser engen Nachbarschaft der Namensfeier von Adam und Eva zu Weihnachten. Haben Sie als jüdischer Theologe, der sich gleichwohl sehr gut in allen Büchern des Neuen Testaments auskennt, eine Erklärung, warum irgend jemand einmal diese schöne Idee gehabt hat, Adam und Eva auf den Heiligen Abend zu setzen?

Lapide:

Sicherlich! In Jerusalem behauptete schon die alte Kirche, daß Jesus gekreuzigt worden wäre auf dem Grabe Adams. Der tiefere Sinn dieser Symbolik ist, daß durch den Adam die Schuld in die Welt hineinkam und durch diesen Jesus, der sich selbst hinopferte, die Schuld getilgt wurde. Daß also ein Mensch den Tod in die Welt brachte, Tod als „der Sünde Sold", wie Paulus sagt, und dies durch Jesus getilgt wurde, daß der Ungehorsam des ersten Adam durch den Übergehorsam des letzten oder des neuen Adam, und so heißt Jesus in der Überlieferung seiner Kirche, sozusagen wettgemacht, wenn nicht gestrichen wird. Und daher werden Adam und Eva als verlorene Kinder wieder heimgeholt durch den Versöhnungsakt Christi am Kreuz, als Inbegriff des totalen Gehorsams. Wie von Adam der Tod und das Unheil kommen, so erwirkte Jesus das Heil und das ewige Leben – womit ein einziger Heilsbogen vom Sündenfall bis zum Kreuzestod gespannt wird. So lautet die Lehre der Kirche.

Frage:

Und begonnen hat es an Weihnachten, deswegen die Nachbarschaft vom Grab Adams und Tod Jesu und die Nähe der beiden, mit denen die Schöpfung angefangen hat, zu der Krippe, mit der nach christlichem Verständnis die neue Schöpfung weitergeführt wurde.

Vielleicht war dieses Gespräch, Herr Lapide, über die Erschaffung des Menschen, über Adam und Eva, zwischen einem Juden und einem Christen gar nicht die schlechteste Weise, den Namenstag aller derer zu feiern, die Adam oder Eva heißen. Heute ist der letzte Tag des Advent. Aber wenn ich es recht sehe, stehen wir als Christen und Juden in einem größeren, durchaus gemeinsamen Advent?!

Lapide:

Richtig. Denn Advent heißt ja auf Latein die Ankunft, was auch einen guten jüdischen Sinn hat. Denn Kirche und Synagoge beten seit Jahrtausenden für die Ankunft oder die Wiederkunft jenes Erlösers, der all die Schuld und Sünde, Angst und Verstrickungen, die mit Adam und Eva beginnen, wieder gut machen soll, unter dem gütigen Vatergott, der Gott sei Dank nicht gerecht, sondern gütig, barmherzig und verzeihend ist. Das ist der Grundstein unseres gemeinsamen Vertrauens.

Der Schöpfungsbericht (1 Mose 1–3) in der revidierten Luther-Übersetzung (1984)

Am Anfang schuf Gott Himmel und Erde. Und die Erde war wüst und leer, und es war finster auf der Tiefe; und der Geist Gottes schwebte auf dem Wasser.

Und Gott sprach: Es werde Licht! Und es ward Licht. Und Gott sah, daß das Licht gut war. Da schied Gott das Licht von der Finsternis und nannte das Licht Tag und die Finsternis Nacht. Da ward aus Abend und Morgen der erste Tag.

Und Gott sprach: Es werde eine Feste zwischen den Wassern, die da scheide zwischen den Wassern. Da machte Gott die Feste und schied das Wasser unter der Feste von dem Wasser über der Feste. Und es geschah so. Und Gott nannte die Feste Himmel. Da ward aus Abend und Morgen der zweite Tag.

Und Gott sprach: Es sammle sich das Wasser unter dem Himmel an besondere Orte, daß man das Trockene sehe. Und es geschah so. Und Gott nannte das Trockene Erde, und die Sammlung der Wasser nannte er Meer. Und Gott sah, daß es gut war.

Und Gott sprach: Es lasse die Erde aufgehen Gras und Kraut, das Samen bringe, und fruchtbare Bäume auf Erden, die ein jeder nach seiner Art Früchte tragen, in denen ihr Same ist. Und es geschah so. Und die Erde ließ aufgehen Gras und Kraut, das Samen bringt, ein jedes nach seiner Art, und Bäume, die da Früchte tragen, in denen ihr Same ist, ein jeder nach seiner Art. Und Gott sah, daß es gut war. Da ward aus Abend und Morgen der dritte Tag.

Und Gott sprach: Es werden Lichter an der Feste des Himmels, die da scheiden Tag und Nacht und geben Zeichen, Zeiten, Tage und Jahre und seien Lichter an der Feste des Himmels, daß sie scheinen auf die Erde. Und es geschah so. Und Gott machte zwei große Lichter: ein großes Licht, das den Tag regiere, und ein kleines Licht, das die Nacht regiere, dazu auch die Sterne. Und Gott setzte sie an die Feste des Himmels, daß sie schienen auf die Erde und den Tag und die Nacht regierten und schieden Licht und Finsternis. Und Gott sah, daß es gut war. Da ward aus Abend und Morgen der vierte Tag.

Und Gott sprach: Es wimmle das Wasser von lebendigem Getier, und Vögel sollen fliegen auf Erden unter der Feste des Himmels. Und Gott schuf große Walfische und alles Getier, das da lebt und webt, davon das Wasser wimmelt, ein jedes nach seiner Art, und alle gefiederten Vögel, einen jeden nach seiner Art. Und Gott sah, daß es gut war. Und Gott segnete sie und sprach: Seid fruchtbar und mehret euch und erfüllet das Wasser im Meer, und die Vögel sollen sich mehren auf Erden. Da ward aus Abend und Morgen der fünfte Tag.

Und Gott sprach: Die Erde bringe hervor lebendiges Getier, ein jedes nach seiner Art: Vieh, Gewürm und Tiere des Feldes, ein jedes nach seiner Art. Und es geschah so. Und Gott machte die Tiere des Feldes, ein jedes nach seiner Art, und das Vieh nach seiner Art und alles Gewürm des Erdbodens nach seiner Art. Und Gott sah, daß es gut war. Und Gott sprach: Lasset uns Menschen machen, ein Bild, das uns gleich sei, die da herrschen über die Fische im Meer und über die Vögel unter dem Himmel und über das Vieh und über alle Tiere des Feldes und über alles Gewürm, das auf Erden kriecht.

Und Gott schuf den Menschen zu seinem Bilde, zum Bilde Gottes schuf er ihn; und schuf sie als Mann und Weib. Und Gott segnete sie und sprach zu ihnen: Seid fruchtbar und mehret euch und füllet die Erde und machet sie euch untertan und herrschet über die Fische im Meer und über die Vögel unter dem Himmel und über das Vieh und über alles Getier, das auf Erden kriecht. Und Gott sprach: Sehet da, ich habe euch gegeben alle Pflanzen, die Samen bringen, auf der ganzen Erde, und alle Bäume mit Früchten, die Samen bringen, zu eurer Speise. Aber allen Tieren auf Erden und allen Vögeln unter dem Himmel und allem Gewürm, das auf Erden lebt, habe ich alles grüne Kraut zur Nahrung gegeben. Und es geschah so. Und Gott sah an alles, was er gemacht hatte, und siehe, es war sehr gut. Da ward aus Abend und Morgen der sechste Tag.

So wurden vollendet Himmel und Erde mit ihrem ganzen Heer. Und so vollendete Gott am siebenten Tage seine Werke, die er machte, und ruhte am siebenten Tage von allen seinen Werken, die er gemacht hatte. Und Gott segnete den siebenten Tag und heiligte ihn, weil er an ihm ruhte von allen seinen Werken, die Gott geschaffen und gemacht hatte.

So sind Himmel und Erde geworden, als sie geschaffen wurden.

Es war zu der Zeit, da Gott der Herr Erde und Himmel machte. Und alle die Sträucher auf dem Felde waren noch nicht auf Erden, und all das Kraut auf dem Felde war noch nicht gewachsen; denn Gott der Herr hatte noch nicht regnen lassen auf Erden, und kein Mensch war da, der das Land bebaute; aber ein Nebel stieg auf von der Erde und feuchtete alles Land. Da machte Gott der Herr den Menschen aus Erde vom Acker und blies ihm den Odem des Lebens in seine Nase. Und so ward der Mensch ein lebendiges Wesen.

Und Gott der Herr pflanzte einen Garten in Eden gegen Osten hin und setzte den Menschen hinein, den er gemacht hatte. Und Gott der Herr ließ aufwachsen aus der Erde allerlei Bäume, verlockend anzusehen und gut zu essen, und den Baum des Lebens mitten im Garten und den Baum der Erkenntnis des Guten und Bösen. Und es ging aus von Eden ein Strom, den Garten zu bewässern, und teilte sich von da in vier Hauptarme. Der erste heißt Pischon, der fließt um das ganze Land Hawila, und dort findet man Gold; und das Gold des Landes ist kostbar. Auch findet man da Bedolachharz und den Edelstein Schoham. Der zweite Strom heißt Gihon, der fließt um das ganze Land Kusch. Der dritte Strom heißt Tigris, der fließt östlich von Assyrien. Der vierte Strom ist der Euphrat.

Und Gott der Herr nahm den Menschen und setzte ihn in den Garten Eden, daß er ihn bebaute und bewahrte. Und Gott der Herr gebot dem Menschen und sprach: Du darfst essen von allen Bäumen im Garten, aber von dem Baum der Erkenntnis des Guten und Bösen sollst du nicht essen; denn an dem Tage, da du von ihm issest, mußt du des Todes sterben.

Und Gott der Herr sprach: Es ist nicht gut, daß der Mensch allein sei; ich will ihm eine Gehilfin machen, die um ihn sei. Und Gott der Herr machte aus Erde alle die Tiere auf dem Felde und alle die Vögel unter dem Himmel und brachte sie zu dem Menschen, daß er sähe, wie er sie nennte; denn wie der Mensch jedes Tier nennen würde, so sollte es heißen. Und der Mensch gab einem jeden Vieh und Vogel unter dem Himmel und Tier auf dem Felde seinen Namen; aber für den Menschen ward keine Gehilfin gefunden, die um ihn wäre. Da ließ Gott der Herr einen tiefen Schlaf fallen auf den Menschen, und er schlief ein. Und er nahm eine seiner Rippen und schloß die Stelle mit Fleisch. Und Gott der Herr baute ein Weib aus der Rippe, die er von dem Menschen nahm, und brachte sie zu ihm. Da sprach der Mensch: Das ist doch Bein von meinem Bein und Fleisch von meinem Fleisch; man wird sie Männin nennen, weil sie vom Manne genommen ist. Darum wird ein Mann seinen Vater und seine Mutter verlassen und seinem Weibe anhangen, und sie werden sein ein Fleisch. Und sie waren beide nackt, der Mensch und sein Weib, und schämten sich nicht.

Aber die Schlange war listiger als alle Tiere auf dem Felde, die Gott der Herr gemacht hatte, und sprach zu dem Weibe: Ja, sollte Gott gesagt haben: ihr sollt nicht essen von allen Bäumen im Garten? Da sprach das Weib zu der Schlange: Wir essen von den Früchten der Bäume im Garten; aber von den Früchten des Baumes mitten im Garten hat Gott gesagt: Esset nicht davon, rühret sie auch nicht an, daß ihr nicht sterbet! Da sprach die Schlange zum Weibe: Ihr werdet keineswegs des Todes sterben, sondern Gott weiß: an dem Tage, da ihr davon esset, werden eure Augen aufgetan, und ihr werdet sein wie Gott und wissen, was gut und böse ist. Und das Weib sah, daß von dem Baum gut zu essen wäre und daß er eine Lust für die Augen wäre und verlockend, weil er klug machte. Und sie nahm von der Frucht und aß und gab ihrem Mann, der bei ihr war, auch davon, und er aß. Da wurden ihnen beiden die Augen aufgetan, und sie wurden gewahr, daß sie nackt waren, und flochten Feigenblätter zusammen und machten sich

Schurze. Und sie hörten Gott den Herrn, wie er im Garten ging, als der Tag kühl geworden war. Und Adam versteckte sich mit seinem Weibe vor dem Angesicht Gottes des Herrn unter den Bäumen im Garten.

Und Gott der Herr rief Adam und sprach zu ihm: Wo bist du? Und er sprach: Ich hörte dich im Garten und fürchtete mich; denn ich bin nackt, darum versteckte ich mich. Und er sprach: Wer hat dir gesagt, daß du nackt bist? Hast du nicht gegessen von dem Baum, von dem ich dir gebot, du solltest nicht davon essen? Da sprach Adam: Das Weib, das du mir zugesellt hast, gab mir von dem Baum, und ich aß. Da sprach Gott der Herr zum Weibe: Warum hast du das getan? Das Weib sprach: Die Schlange betrog mich, so daß ich aß. Da sprach Gott der Herr zu der Schlange: Weil du das getan hast, seist du verflucht, verstoßen aus allem Vieh und allen Tieren auf dem Felde. Auf deinem Bauche sollst du kriechen und Erde fressen dein Leben lang. Und ich will Feindschaft setzen zwischen dir und dem Weibe und zwischen deinem Nachkommen und ihrem Nachkommen; der soll dir den Kopf zertreten, un du wirst ihn in die Ferse stechen. Und zum Weibe sprach er: Ich will dir viel Mühsal schaffen, wenn du schwanger wirst; unter Mühen sollst du Kinder gebären. Und dein Verlangen soll nach deinem Manne sein, aber er soll dein Herr sein. Und zum Manne sprach er: Weil du gehorcht hast der Stimme deines Weibes und gegessen von dem Baum, von dem ich dir gebot und sprach: Du sollst nicht davon essen –, verflucht sei der Acker um deinetwillen! Mit Mühsal sollst du dich von ihm nähren dein Leben lang. Dornen und Disteln soll er dir tragen, und du sollst das Kraut auf dem Felde essen. Im Schweiße deines Angesichts sollst du dein Brot essen, bis du wieder zu Erde werdest, davon du genommen bist. Denn du bist Erde und sollst zu Erde werden.

Und Adam nannte sein Weib Eva; denn sie wurde die Mutter aller, die da leben. Und Gott der Herr machte Adam und seinem Weibe Röcke von Fellen und zog sie ihnen an. Und Gott der Herr sprach: Siehe, der Mensch ist geworden wie unsereiner und weiß, was gut und böse ist. Nun aber, daß er nur nicht ausstrecke seine Hand und breche auch von dem Baum des Lebens und esse und lebe ewiglich! Da wies ihn Gott der Herr aus dem Garten Eden, daß er die Erde bebaute, von der er genommen war. Und er trieb den Menschen hinaus und ließ lagern vor dem Garten Eden die Cherubim mit dem flammenden, blitzenden Schwert, zu bewachen den Weg zu dem Baum des Lebens.